本书得到韩国文学翻译院的出版资助

"山东省高等学校青创科技支持计划"（编号：2020RWA001）的阶段性研究成果

〔韩〕金文植 〔韩〕申炳周 著

林 丽 黄义军 译

韩国文学翻译院
LITERATURE TRANSLATION INSTITUTE OF KOREA

의궤

仪轨

조선 왕실 기록문화의 꽃

朝鲜王室

记录文化之花

社会科学文献出版社
SSAP
SOCIAL SCIENCES ACADEMIC PRESS (CHINA)

原书序

　　"仪轨"是"仪式和轨范"的简称，是朝鲜时期一种以文字和图片的形式记录国家或王室重要礼仪活动的报告书。在传统时代，国家重要的礼仪活动一般会参照先王时期的惯例举行。仪轨编纂的目的便是将国家重要的礼仪活动记录下来，以便后世在举行类似活动时最大限度地减少出错的概率。

　　出于这种目的，有关国家或王室重要礼仪活动的所有事项都会被详细记录下来。例如，在王室的嘉礼或葬礼等活动中，参与人员的名单及详细的身份资料，活动中使用的各种物品的规格、材料、色彩等，都被予以细致的记录；又如，宫建、筑城等相关仪轨也以图片和文字相结合的方式完整记载了建筑物的位置、结构、耗材及其采购情况等。正因为这种细致入微的记录，如今我们才可以完美再现朝鲜时期的礼仪活动，也才可以在短时间内复原当时的建筑。在每年十月韩国水原市举办的华虹文化祭中，正祖陵行的场面正是根据《园幸乙卯整理仪轨》再现的。

　　仪轨班次图中出现人物的服饰、宴桌上食物的种类和材料、礼仪活动中演奏的乐章、乐器的制作及其图纸、建筑的结构图和建筑材料目录等，为各个领域的历史研究者提供了丰富而详细的史料。此外，仪轨中收录的各种公文以及物品明细对于研究朝鲜时期的生活史也有一定的价值。通过公文记录，我们既可以详细了解朝鲜时期的官府衙门及其分管业务，也可以了解物品当时的价格、支付给参与者的工钱以及当时的物价走向。

仪轨中记载的物品名称，对于韩语语言学研究而言也是不可多得的资料。通过"赤了""把持""赤古里""方丈里""大也""要江""举乃""串光屎"等用汉字表记的专有名词，我们可以明确了解朝鲜时期人们使用的生活词汇。

朝鲜时期严谨的记录精神给我们留下了宝贵的遗产。仪轨作为国政报告书的一种，记录了朝鲜时期国王们的统治举措。仪式中使用的每一颗钉子、每一枚硬币都被登记在案，并公诸天下，体现出为政者的政治清明。仪轨上还记载了仪式所需耗材与经费的预算，以及物品的实际使用和剩余情况。记录之详尽，经费使用之透明，在很大程度上阻断了公款被用作他途的可能。

另外，在建造宫殿时，会对参与人员实行实名制管理，以负责人为首的所有参与者及其负责的工作都会被实名记录下来，工程中出现的任何问题也都可以随时追责到个人。

通过仪轨我们可以了解到朝鲜时期记录文化的缜密，也可以全方位地接触到其多样而生动的传统文化。 我们相信，传承祖先优秀的记录文化是韩国迈向 21 世纪文化大国的基石。希望本书的出版对研究朝鲜时期的记录文化有所帮助。

最后，感谢韩哲熙社长对本书出版的大力支持，感谢金惠亨总编辑千辛万苦为本书收集资料的厚意，感谢尹美香编辑的辛勤付出，正是由于各位的鼎力相助，《仪轨：朝鲜王室记录文化之花》才可以走近更多的读者。

金文植　申炳周
2005 年 6 月

目 录

第一编　记录文化之花——仪轨

第二编　仪轨中的王室文化

第三编　御览用仪轨的辉煌与劫难

附　录

江华岛外奎章阁

　　保管仪轨的另一个场所是江华岛上的外奎章阁。正祖六年（1782）二月下令在江华岛行宫建造外奎章阁，将江华府和昌德宫奉谟堂内的王室物品移至外奎章阁保管。同时，为防不测，原保管于奎章阁内的御览用仪轨也被一并移至外奎章阁。正祖选址江华岛建造外奎章阁是由于其特殊的地理位置与战略价值。今天的江华岛虽然只是隶属于仁川广域市的一个郡，在朝鲜时期却是设置了留守府的大都市，相当于今天的直辖市。江华岛如此受重视也是由于其地处交通要道，与国防息息相关。

记录文化之花——仪轨

朝鲜时期上至国王的婚姻，下至世子的册封、王室成员的婚葬以及宫阙建筑的落成，国家和王室举行相关仪式时的诸项事宜都会被记录下来。并且，礼仪活动结束之后，会马上组织仪轨厅编纂仪轨——即由专任机构记录包括准备工作在内的礼仪活动的全过程、编纂一种叫"仪轨"的报告书，向国王和相关机构报告——然后活动的全过程才算完成。

第一章

朝鲜王朝时期文化记录的传统

仪轨的概念

朝鲜时期上至国王的婚姻，下至世子的册封、王室成员的婚葬以及宫阙建筑的落成，国家和王室举行相关仪式时的诸项事宜都会被记录下来。并且，礼仪活动结束之后，会马上组织仪轨厅编纂仪轨——即由专任机构记录包括准备工作在内的礼仪活动的全过程，编纂成一种叫"仪轨"的报告书，向国王和相关机构报告——然后活动的全过程才算完成。

朝鲜时期的国王拥有巨大的权力，在位时长由本人决定；如果本人不肯将王位传予继承人，那么王权便可以是一种终身权力。因此国家的命运往往取决于国王的素质与能力。士大夫们为了国家的存亡——沿用朝鲜时期的说法就是为了宗庙和社稷的完整——制定了约束国王无限权力的法则，其一是对国王进行教育，其二就是做详尽的记录。

朝鲜时期的国王从身为王子之日起一直到死亡，都必须接受教育。教育按照年龄和身份的不同分为几个不同的阶

段。王子出生后在幼儿期要接受"辅养厅"①的教育，在儿童期要接受"讲学厅"②的教育，这是所有王子都必须接受的基础教育。

但是，一旦被册封为世子，教育的层次就会截然不同。王世子是将来要登上王位、继承大统之人，是不同于其他王子的，所以必须接受正规的"国王教育"。"侍讲院"是负责王世子教育的专门机构，在此进行的教育被称为"书筵"，主要讲解作为国王应该具备的德行和知识。

王世子继承王位之后接受的教育被称为"经筵"，负责经筵的专门机构叫"经筵厅"，③这里会邀请高官重臣通过经筵劝勉国王致力于学问和政事，有时也会被作为商谈国家要事的地方。

---

① 为保护和养育元子（国王的嫡长子）、元孙（王世子的嫡长子）而设立的机构。该机构在元子、元孙出生时设立，从从二品到正三品高官中挑选合适的人员担任辅养官。

② 为元子、元孙的早期教育而设立的机构。一般任命辅养厅的辅养官为"师"或"傅"，负责元子、元孙的早期教育。宫廷内另设置不同的学堂，分别负责汉字、谚文、体育等方面的教育。

③ 经筵是指向国王讲授儒教经史与历史，经筵厅是经筵官为参加御前讲习而等待的地方。

　　国王的学习情况按照阶段不同分别会被记录在辅养厅日记、讲学厅日记、书筵日记和经筵日记中。所以,国王要想成为一代明君,时刻不能放松对学问的钻研。士大夫们就是通过这种教育来牵制国王的。

　　制约王权的另一个"制度性武器"就是详尽的文化记录。《朝鲜王朝实录》很好地体现了朝鲜时期的记录文化。实录是在国王去世之后才开始编纂的,并且后代的国王无法阅览先王实录,这样一来,史官的安全就得到了保障,从而也确保了实录的真实性。不仅如此,记录国王教育的日记类资料也详尽记载了经筵官吏与国王、书筵官吏与王世子之间的学习内容,甚至可以还原他们之间的对话,所以国王的行动和思想是公诸后世的。

朝鲜时期的国王清醒地意识到自己由生至死的事情都会被记录下来，所以只能时时约束与规诫自身。换句话说，在以强大王权为中心的体制下，对国王起居的详尽记录是一种预防国王独断专行、保证政治透明度的利器。

朝鲜时期的记录文化之花——仪轨，不仅投入经费多，内容面面俱到、公开透明，而且淋漓尽致地体现了朝鲜时期的记录精神。礼仪活动期间国王的诏书、分管官厅之间的公文、业务分管者的名单、参与礼仪活动或者工程的人员、所需物品、经费支出的明细以及对功臣的褒奖等情况都会被一一记录下来，这样的记录也可以有效地防止国家财政的浪费或挪用。

此外，仪轨的一大特征是包含美丽的记录画。仪轨中收录着展现活动全过程的班次图①以及各种建筑和物品样式的图说。彩色绘图向我们立体呈现了活动进行时的情形，使我们清楚地了解到无法用文字描述的物品的相关细节。所以，仪轨是文字与绘图结合在一起的综合性活动报告。

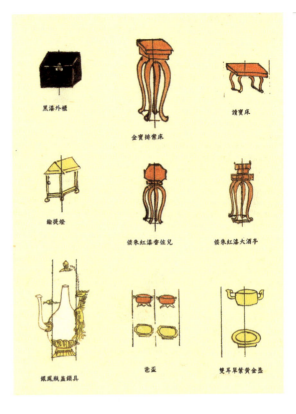

黑漆外樻　　金宝捧案床　　读宝床

输擡燈　　倭朱红漆香佐兒　　倭朱红漆大酒亭

银凤瓶盖銀具　　壶盃　　雙耳鏨甍黄金盉

《英祖贞纯后嘉礼都监仪轨》
中的《器皿图》（部分）

　　王室结婚典礼上使用的各种几案与酒器。

---

①　将宫中礼仪活动的场面用图画的形式描绘出来，又叫"班列图"或"卤博图"。班次图可以非常准确地记录下宫中礼仪活动的仪式场景以及官员们的站位。

《纯祖纯元后嘉礼都监仪轨》班次图中国王与王妃的轿辇

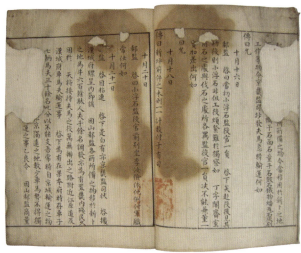

《懿仁王后山陵都监仪轨》

建造先祖妃懿仁王后朴氏的陵墓时所编纂的仪轨，在现今奎章阁所藏仪轨中年代最为久远。此陵墓位于现东九陵中先祖陵的左侧。翻开正文，可以看到被火焚烧的痕迹，目录、座目、启辞中的部分内容也有损坏。藏于首尔大学奎章阁。

仪轨的历史

仪轨的编纂始于朝鲜王朝建国初期。《朝鲜王朝实录》中记载，太宗十一年（1411）"仪轨中规定宗庙祭礼时敬奉樱桃的时间为五月初一和十五"。世宗四年（1422）讨论太宗的国葬制度时，对太祖、正宗的《丧葬仪轨》和太宗王妃元敬王后的《国丧仪轨》进行了讨论。并且，成宗时期编纂的《乐学轨范》① 一书也是选取掌乐院 ② 仪轨中的乐谱完成的。由此可以推断，自朝鲜王朝建国之后，每当国家举行重要礼仪活动时，都要编纂仪轨。

现存的仪轨均为 17 世纪以后所编，在此之前成书的仪轨并未被发现。16 世纪末到 17 世纪初，经历壬辰倭乱③

---

① 成宗二十四年（1493）发行，是按照朝鲜时期的仪轨和乐谱整理、编纂而成的乐书。其中详细记载了举行礼仪活动时所演奏乐曲的音乐理论、所用乐器、服装、舞台装备、舞蹈动作等内容。

② 朝鲜时期掌管宫中音乐和舞蹈相关事宜的部门。

③ 壬辰倭乱（1592~1598），又称万历朝鲜战争，指明朝万历年间明朝和朝鲜抗击日本侵略的战争。

（1592~1598）和丙子之役（1636~1637）两场战争之后，朝鲜王朝的公文记录大部被付之一炬，由此推断，仪轨也极可能是在那时的战乱中丢失的。现今奎章阁所藏仪轨中，最早的可以追溯到宣祖三十三年（1600），其中残留的火烧痕迹更加印证了以上推断。

17世纪以后，仪轨编纂工作得以延续；进入18世纪后，其种类和数量都大幅增加。由于18世纪处于国家各种文化和制度的整备时期，国家礼仪活动的报告书——仪轨也因此得以发展。值得一提的是，之前的仪轨都是用笔直接书写、绘画的手抄本，而正祖时期的《园幸乙卯整理仪轨》和《华城城役仪轨》则被制成活字印刷本。文字采用的虽是活字印刷，但其中的图片是木刻版图画。描绘正祖1795年巡幸华城的《华城陵形图》就是以仪轨中的木刻版图画为依据绘制的。活字印刷版仪轨的出现是为了向更多人普及仪轨，昭告国家政事。

19世纪，仪轨编纂活动持续进行。特别是一心想建立富强国家的高宗，继承了正祖之政策，编纂了更多的仪轨，其体系设置和内容编排也和正祖时期仪轨的编纂方式颇为相

《园幸乙卯整理仪轨》

发行于正祖二十二年（1798）。记录了1795年闰二月正祖陪伴其生母惠庆宫洪氏巡幸华城显龙园（思悼世子墓地）的缘由、过程与华城礼仪活动等内容。与之前手抄本仪轨不同，自《园幸乙卯整理仪轨》起，开始制作金属活字印刷仪轨。藏于首尔大学奎章阁。

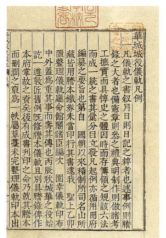
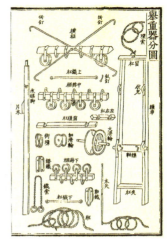

《华城城役仪轨》

记录华城筑城全过程的仪轨。华城修筑工程始于正祖十八年（1794）一月，1796年八月完工。此仪轨于1796年编纂完成，顺祖元年（1801）刊行普及。其中的图画均为木板刻印的木版画。藏于首尔大学奎章阁。

似。最后出现的两部仪轨分别是记录1926年纯宗皇帝国葬的《纯宗孝皇帝御葬主监仪轨》和记录1929年将纯宗皇帝和纯明皇后的灵位于三年国丧之后迁至宗庙的《纯宗孝皇帝纯明孝皇后祔庙主监仪轨》。可以说，从朝鲜王朝建国初期到纯宗皇帝去世的漫长岁月里，仪轨作为一种国家级别的报告文书，一直存在着。

此后，"仪轨"这一用语被沿袭下来。朝鲜半岛沦为日本殖民地期间，李王职①撰写的文书中就使用过"仪轨"这一用语。1935年编纂的《殿庙宫园坛墓仪轨》整理记录了李王职掌管的各类典祀祭文，1942年编纂的《宗庙永宁殿仪轨》则记录了这一年九月十一日举行大祭时的祭文。从以上资料中我们可以看出，这一时期的仪轨已经不是对特定礼仪活动的详尽记录，只是根据李王职掌管王室祭礼时的祭文整理出来的账簿而已。由此，朝鲜时期的记录文化之花——仪轨，与朝鲜王朝一起走向了没落。

---

① 日帝统治时期主管朝鲜王室相关业务的机关。李王职对职员的任命与赏罚属日本宫内府所管，同时接受朝鲜总督府的监督。与朝鲜王室有关的所有事宜都须通过李王职向日本宫内府报告。

第二章

王室的主要礼仪活动与仪轨

朝鲜时期，每当国家或王室举行重要礼仪活动时，都会将活动全程记录下来，编纂成仪轨，供后世参考。可以说，仪轨如同当时的礼仪活动一样，种类丰富多彩。在中国及周边国家，并未发现类似"仪轨"这一记录王室活动的"报告书"。由此可见，仪轨是朝鲜王朝独创且形式独特的典籍，其意义非同一般。

世宗王子胎室

位于庆尚北道星州郡月恒面禅石山一带，保留着包括世宗的 18 名王子在内的 19 座胎室。ⓒ Kim sung-chul

睿宗胎室和胎志石

原址为完州郡九耳面平村里胎室村的后山，1970年迁到全州市完山区庆基殿内。© Kim sung-chul

记录国王生平的仪轨

朝鲜时期有许多记录国王生平的仪轨。王室中若有新王子诞生，会即刻选定保管王室胎盘的场所，建造胎室，隆重安放胎盘，并把过程记录下来，编纂成仪轨。《元子阿只氏藏胎仪轨》便是其例。若王子日后即位成为国王，那么胎室也会被升级加封，增加周围的石刻，并据此编写"胎室石栏干造排仪轨"。

王子被册封为王世子，要编写"世子册礼都监仪轨"；若被册封为王世孙，则要编写"王世孙册礼都监仪轨"。王世子册封仪式是选定王位继承人的活动，因此会在宫里的正

   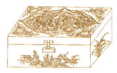

文孝世子玉印及其印章面、竹册、竹册内柜

选自《景慕宫仪轨》。

殿隆重举行。国王会身着正式礼服——冕服出席，受封的王世子或王世孙则会从国王手中接过象征其身份的竹册和玉印①。

朝鲜时期的国王，大都是在举行前任国王葬礼的时候登基即位，因此记录即位仪式的仪轨并不常见。但高宗皇帝是从国王位登基继而转成皇帝位的，其登基仪式是国家从君主国转变为帝国的重要象征，因此其登基过程被编纂成仪轨，即 1897 年的《高宗大礼仪轨》。

王室的婚姻过程也会被编纂成"嘉礼都监仪轨"。国王或王世子到了结婚年龄，会将金婚令发布至全国，历经三轮选拔，选出王妃或王世子妃，再经由五六道程序后举行婚礼。仪轨会详细记录王妃遴选的步骤、筹备的结婚物品以及国王迎娶王妃的全过程，并利用班次图，将婚礼的一大看点——迎亲队列栩栩如生地描绘出来。在国王婚礼仪式上使用的玉册和金

《高宗大礼仪轨》

1897 年刊行。朝鲜时期的国王，大部分是在前任国王的葬礼期间登上王位的，因此单独记录即位仪式的仪轨并不常见。但《高宗大礼仪轨》是记录高宗从王位登上帝位仪式的仪轨，含有国家从君主国升格为帝国的意义。藏于首尔大学奎章阁。

---

① 王世子、王世孙册封或尊号进封时使用的象征物。竹册是在竹子上刻字制成的书册，玉印是用玉制作的图章。

宝①也被提前制造出来,以备婚礼使用。

国王或王妃亡故时要编纂"国葬都监仪轨",王世子或世子妃亡故时则编纂"礼葬都监仪轨"。除葬礼程序以外,葬礼所用的丧舆、器皿、陪葬品等一系列物件,都会被以图画形式一一记录下来。除"国葬都监仪轨"外,还会编纂"殡殿魂殿都监仪轨"和"山陵都监仪轨"。殡殿魂殿都监是葬礼的执行机构,负责准备自国王或王妃亡故到丧舆出殡期间所用的物品;山陵都监则负责在葬地修筑坟墓。三年丧事之后,国王的神位要移至宗庙,此仪式会被记录下来编纂成"祔庙都监仪轨"。

1993年时任法国总统的密特朗将《徽庆园园所都监仪轨》带到韩国,此仪轨记录了朝鲜正祖嫔、纯祖生母——绥嫔朴氏墓地(现位于杨州拜峰山)的修建诸事宜。国王的妃嫔与世子、世子妃的墓地被称为"园",国王和王后的墓地则被称为"陵",以此相区分。

---

① 国王或王妃受封或受赐尊号时所使用的象征物。玉册是在玉上刻字,金宝是镀金的图章。

先农坛和先蚕坛遗址

　　供奉农业神的先农坛和供奉养蚕神的先蚕坛是国王为鼓励农业设置的祭祀场所。先农坛位于东大门区龙头洞，先蚕坛位于城北区城北洞。ⓒ首尔市史编纂委员会

记录国家礼仪活动的仪轨

　　国家举行重要礼仪活动时也会编纂多种仪轨，其中颇具代表性的是与祭坛或祭礼程序相关的仪轨。宗庙和社稷是举行国家重大祭祀活动的场所，也是与国家命运息息相关的机构。宗庙供奉的是朝鲜以太祖为首的历代国王的神位，社稷供奉的则是土地神和谷神。宗庙和社稷每年都会定期举行盛大的祭祀活动，并且会不定期举行国事告祭和祈雨仪式等。"宗庙仪轨"和"社稷署仪轨"记录了宗庙和社稷的建筑物增建过程、祭礼程序以及祭礼上使用的各种祈祷法器等。

　　壬辰倭乱后，朝鲜树立"对明义理论"以报答明朝的出兵增援。明朝灭亡后，朝鲜在昌德宫后院设立大报坛，供奉明朝三位皇帝的神位并举行祭祀活动。大报坛是皇帝的祭坛，因此又称"皇坛"。"皇坛从享仪轨"是对大报坛祭礼程序的记录，"大报坛增修所仪轨"则记录了大报坛增建工程的始末。

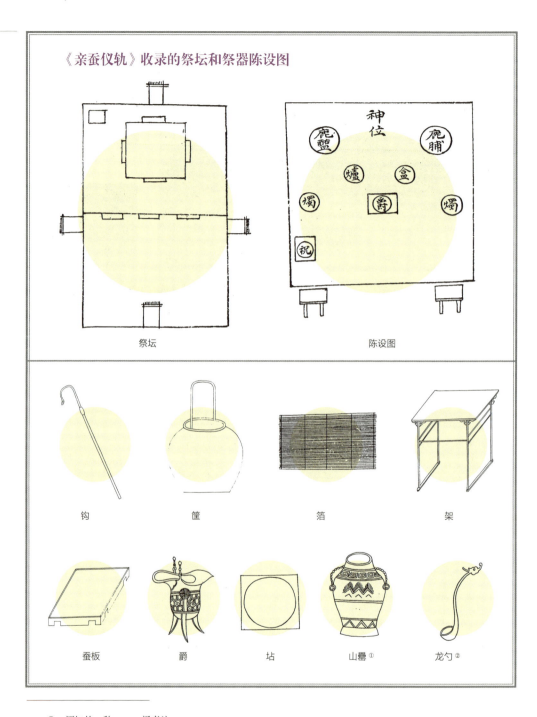

《亲蚕仪轨》收录的祭坛和祭器陈设图

祭坛

陈设图

钩　　　　　筐　　　　　箔　　　　　架

蚕板　　　　爵　　　　　坫　　　　山罍①　　　龙勺②

---

① 酒缸的一种。——译者注
② 舀酒时用的工具。

《国朝宝鉴监印厅仪轨》

　　记录了刊行于正祖六年（1782）的《国朝宝鉴》的编纂与刊行过程以及相关仪式。《国朝宝鉴》是朝鲜时期汇集历代国王的善政而编修的编年体史书。班次图描绘的是供奉《国朝宝鉴》向宗庙行进的行列。班次图中的仪仗部分，有白泽旗、三角旗、角端旗等旗帜和青盖、红盖、风扇等伞类，还有金钺斧、银横瓜、金横瓜等仪仗用品，无不展示出行列的庄严和华丽。藏于首尔大学奎章阁。

　　朝鲜是以农业为主的国家，王室为鼓励农事，会举行国王种地、王妃养蚕的仪式为百姓树立典范。"亲耕仪轨"记录了国王前往典农洞的籍田①垂范耕地的过程；"亲蚕仪轨"则记录了以王妃为首的女眷在宫中亲自养蚕的活动。

　　国王迎接中国使臣的情况会被整理成"迎接都监仪轨"。在整个朝鲜时期，与中国的外交是国家的重要事务，因此政府非常注重对中国使臣的接待，专门设立有负责迎接来访使臣的迎接都监，在迎接都监下又设有总管业务的都厅和负责实务的部门。现存与迎接都监相关的仪轨有"都厅仪轨"、负责记录提供饮食和物资事宜的"米面色仪轨"、负责记录过世国王吊唁事宜的"赐祭厅仪轨"等。

与编修相关的仪轨

　　每逢国家有重要编修活动时也会制作仪轨。如编纂实录时要制作"实录厅仪轨"，修正实录时制作"实录修正厅仪轨"，编修《新续三纲行实图》时制作《东国新续三纲行

---

　　①　国王为示范农耕活动而设立的土地。

实撰集厅仪轨》，编纂《阐义昭鉴》时制作《阐义昭鉴纂修厅仪轨》，编纂《国朝宝鉴》时制作《国朝宝鉴监印厅仪轨》等。这些仪轨记录的是重要文献的编修事宜，详细记载了当时的参编人员及所用物品等，以供后世参考。特别是《国朝宝鉴监印厅仪轨》，以图画的形式将《国朝宝鉴》的奉安过程整理成班次图，生动地再现了朝鲜王室的书籍奉安现场。

与建筑相关的仪轨

记录宫殿或城郭修筑过程的仪轨是"营建都监仪轨"，这些仪轨记载着当时的建筑技术水平、所用物品以及人力征用方式等。到了现代，这些仪轨对宫殿或城郭的复原工程提供了很大帮助。例如，华城（今水原市）在日帝强占时期就有部分城郭被损毁，在朝鲜战争期间更是遭到了严重破坏，1975 年水原市利用载有华城城郭建筑事宜的《华城城役仪轨》，花费三年时间完成了华城复原工程。另外，在复原位于华城中心部位的华城行宫时，此仪轨也是最主要的参考资料。除此之外，还有很多记录景福宫、昌德宫、庆熙宫、庆运宫等各个宫殿修建过程的仪轨。

其他仪轨

除此之外，还有记录宫中喜庆宴会的"进馔仪轨"和"进宴仪轨"；记录国王肖像画即"御真"制作过程的"御真图写都监仪轨"；记录国王和大臣在成均馆举行射箭比赛的"大射礼仪轨"等。可以说在整个朝鲜王朝时期，每当国家或王室举办正式活动时，都会编纂与之相关的仪轨。

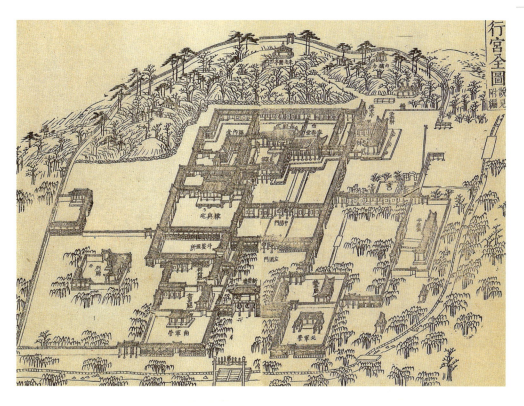

《华城行宫全图》

《华城城役仪轨》里绘制的行宫图。图中可见正门的新丰楼、奉寿堂、维与堂、洛南轩等建筑。《华城行宫全图》对近年的华城行宫复原工程提供了很大帮助。

《大射礼仪轨》

记录了英祖十九年（1743）闰四月七日在成均馆举行大射礼的过程。大射礼指的是国王和臣子聚在一起射箭，按照射中数目进行赏罚的仪式。藏于首尔大学奎章阁。

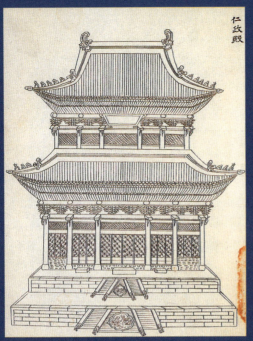

仁政殿

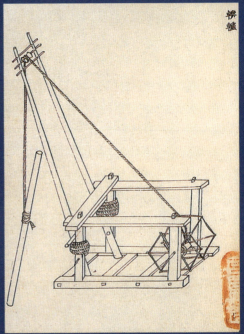

輨轤

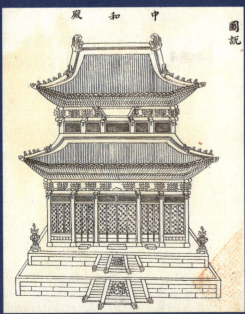

中和殿 圖說

唐家

《仁政殿营建都监仪轨》中的仁政殿和辘轳图说（上）
《中和殿营建都监仪轨》中的中和殿和唐家图说（下）

　　修建昌德宫仁政殿和德寿宫中和殿时编纂的仪轨。辘轳是搬运木材和石材时使用的工具，唐家是指国王御座的所在位置。

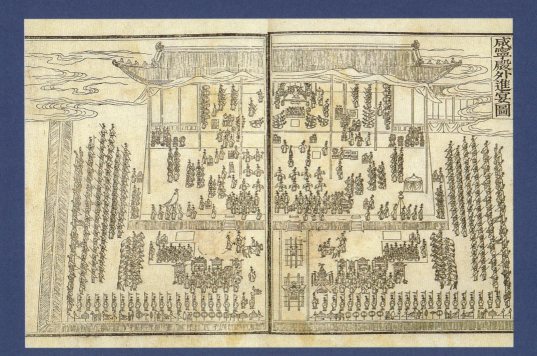

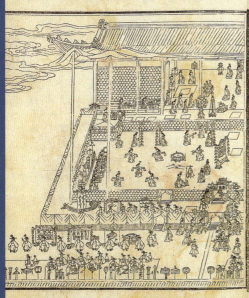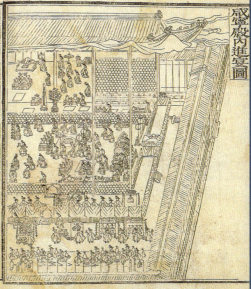

《辛丑进宴仪轨》中的《咸宁殿外进宴图》（上）和《咸宁殿内进宴图》（下）

　　从《咸宁殿外进宴图》可以看出高宗的座位在咸宁殿的中央，右边是皇太子的侍宴位。舞台上有歌舞表演，在座有三品以上的东西两班官员。在包括高宗、皇太子妃、左右命妇、郡夫人等在内的《咸宁殿内进宴图》中，宴会会场被用帷帐隔成了几个区域，女伶、登歌、轩架等分别被安置在不同的区域。

第三章

仪轨的编纂与内容

为编纂仪轨而设置的都监

王室举办各种礼仪活动，首先会设置名为"都监"的临时机构，都监的具体名称根据活动内容而有所不同。如举行王室婚礼时，设置嘉礼都监；国王或王世子举行册封仪式时，设置册礼都监；王室举办葬礼时，设置国葬都监；迎接使臣时，设置迎接都监；筑修建筑物时，设置营建都监。这些作为临时机构的都监，各自主管所负责的活动，跟现在设立总统就职准备委员会、世界杯准备委员会等机构同出一理。

因为都监是临时设置的机构，所以其职务由官吏兼任的情况很多。通常都监的职务构成如下：相当于总指挥的都提调 1 名，从丞相级别的官员中选拔任命；相当于副指挥的提调 3~4 名，由判书级别的官员担任；从事业务管理的都厅 2~3 名，郎厅 4~8 名；相当于监督员的监造官从堂下官中挑选；下面还有负责文书制作、文书收发、会计、仓库管理等行政职责的录事、书吏、书士、算员、库直（仓库守卫）、使令等数名。在都监中，负责指挥的管理者和承担具体事务

的实务人员分配合理，人员数量也会根据活动性质的不同进行相应地增减。他们按照日期来记录活动的过程并加以整理，然后以此为基础编纂仪轨。

仪轨的内容

仪轨按照活动时间的先后顺序，记录传教（国王的指示事项）、启辞、移文等各种公文，还有业务分工、负责人名单、人力调动、物品消耗、经费支出、人员嘉奖等内容。此外还会根据需要，添加可呈现活动全过程的班次图、建筑物和机械的设计图、所用物品图解等内容，生动立体地呈现当时活动的具体程序或建筑物的样貌。

仪轨中收录的公文由国王的诏告、上级官府对下级官府的指示文书、下级官府呈上级官府的报告文书、同级官府间的来往公文等构成。按今天的话来讲就是为协助业务的开展，对各部门间的必要事项进行的指示或汇报。如要求派遣都监工作人员的公函，建议调配各处所需物品的文书等。仪轨中还分别记录有"实入"和"用还"，其中"用还"指的是借用物品的归还情况。由此可见，当时已有尽量减少物资

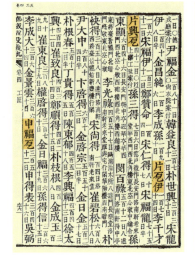

《华城城役仪轨》中记录的匠人名单（部分）

从中可见"片乭伊""片兴乭""申福乭"等贱民的名字。

浪费的积极举措。

仪轨的记录非常细致，几乎达到了按照其文字便可完美还原现场情景的程度。比如在嘉礼都监仪轨中，不仅记载了王妃在婚礼仪式上所穿的各种服装，而且连佩戴的饰品也都被一一记录下来。例如仪轨中记载有"首纱只（流苏）一副，材料为紫的罗4条，长2尺4寸，宽1寸"，由此就能知道制作佩饰所用的材料和尺寸。此外，制作肩舆时所使用的物品以及各种仪仗旗的制作材料、数量、颜色等，也都被予以详细的记述。

值得一提的是，仪轨中不仅有关于活动内容的记录，还有对参与活动的官吏和匠人的实名登记。仪轨对工程的参与者不分贵贱，全部加以记录。若活动用具或建筑物出现了问题，这种实名记录就会成为追究责任的明确依据。

其实，朝鲜时期的实名登记并非只是为了追究责任。在仪轨中，有很多像"金老味""金乭金"这样的名字，可知这些工作人员身份低贱。在国家最高级别的报告书里，记录这些身份低下者的名字，也蕴含着鼓励他们充满责任感和使命感地参与工程的良好用意。

《英祖贞纯后嘉礼都监仪轨》的目录

　　英祖和贞纯王后婚礼仪式的全过程以文字和图画的形式被记录下来,《英祖贞纯后嘉礼都监仪轨》目录中记载的事项如下。

《英祖贞纯后嘉礼都监仪轨》

　　记录了英祖三十五年(1759)六月英祖和贞纯王后金氏(金汉耉之女)结婚典礼的全过程。从挑选王妃候选人的三拣择,到纳采(送求婚文书)、纳征(送结婚彩礼)、告期(选定日期)、册妃(册封王妃)、亲迎(去别宫迎接王妃)、同牢宴(婚礼后的宫中宴会)等,王室婚礼的具体程序都被一一呈现出来。藏于首尔大学奎章阁。

　　座目: 主管活动的官吏负责人名单。

　　启辞: 根据日期汇集的国王指示事项和大臣建议事项。

　　礼关、移文、来关: 嘉礼仪式中不同的业务,分别由礼曹、兵曹、户曹等机构负责,礼关、移文、来关是指上述官府间的来往文书汇集。

　　禀目: 下级官厅向上级官厅奏议的文书汇集。

　　甘结: 上级官厅向下级官厅指示的文书汇集。

　　书启: 奉命官的奉命书汇集。

　　论赏: 对参与嘉礼都监有功之人的褒奖规定。

　　一房仪轨: 对负责教命、服装、铺陈(被褥卧具)、仪注（活动程序）等的一房行事进行记录的"仪轨中的仪轨"。

二房仪轨：对负责行走时需要的王妃辇舆和各种旗帜、仪具等的二房行事进行记录的"仪轨中的仪轨"。

三房仪轨：对负责玉册、匣子、柜子、金宝、宝筒、朱筒等各种器皿和祭桌、香案等的三房行事进行记录的"仪轨中的仪轨"。

别工作仪轨：对补充各房不足物品等事项进行记录的"仪轨中的仪轨"。

修理所仪轨：由缮工监监役主管，对婚礼活动和相关建筑物的修缮以及匠人的假家（临时建筑）等事项进行记录的"仪轨中的仪轨"。

班次图：记录嘉礼看点——"迎亲队列"的图画。

《英祖贞纯后嘉礼都监仪轨》的目录

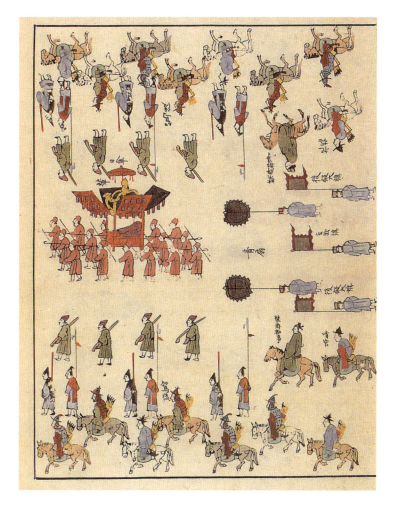

持枪的士兵和身穿盔甲
的武士正在护卫国王行进的
队列。轿辇四面通透，可见
国王的相貌。

记录现场的图画——班次图

　　班次图以图画的形式呈现出王室活动的主要场面，与今
天的结婚纪念照或录像性质相似。"班次"是指"根据不同
职责按顺序进行的排列"，班次图生动再现了当时活动的参
与人员、仪仗旗样貌、轿辇配置等。阅览仪轨的班次图，使
人如同身临其境一般。

　　然而班次图并非活动当天所绘，而是在活动之前提前安

《布衣风流图》

不仅在诗歌、书法、绘画而且在音乐方面也造诣颇深的檀园金弘道的自画像，生动展现出真景时代后期玩赏中国古董、享受风流的时代氛围。金弘道是正祖朝颇具代表性的图画署画员，为当时记录性图画的制作做出了巨大贡献。金弘道（1745~1806？），纸面淡彩，27.9cm×37cm，个人收藏。

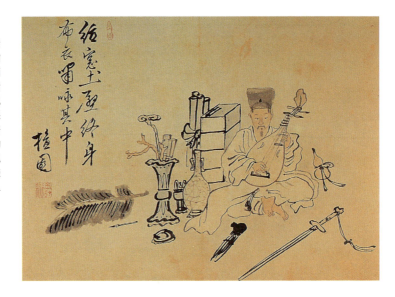

排好参与人员和配置物品绘制而成，以尽量减少活动现场可能出现的错误。因此班次图与今天国家典礼或军队作战前事先模拟的图上演练性质相似。

班次图的制作由当时著名的画工负责。朝鲜时期的画工是隶属于"图画署"官厅的专职人员，在当时没有照片的情况下，他们发挥了通过图画生动转述现场状况的重要作用。正是由于这些画工参与了仪轨制作，朝鲜历史中的许多重要场景才得以被准确、详细地保存下来。可以说，画工的存在使我们可以更加生动立体地了解当时的历史。以风俗画而闻名的金弘道，在绘制国家记录性图画方面也做出了巨大贡献。金弘道及其门下的画工被称为"金弘道社团"，由此可见其组织体系之完备。他们在正祖朝专门负责制作各种各样的记录性图画。

今奎章阁和韩国国立中央图书馆、韩国国立故宫博物馆等处收藏的画工绘制的记录性图画中，有很多用笔细腻、描绘准确的优秀作品。我们虽然身处信息发达的现代社会，但可以直观了解传统社会的资料却少之又少。正是通过画工的记录性图画，我们可以准确地了解并再现朝鲜时期的生活场景与历史现场。

历史现场的转达者——朝鲜时期的画工

相比于个人的作画活动，朝鲜时期的画工更多地参与到了仪轨或地图制作等国家正式活动中。画工流传下来的一般鉴赏画，大部分可以看作是参与完国家工作或宫中的各种活动后利用闲暇时间提高画艺的练习性作品。

到了朝鲜后期，在国家正式活动中，画工的作用越来越重要，待遇也随之逐渐提高。画工还充分发挥他们的才能，为国王或权贵绘制"影帧"（肖像画）。

朝鲜时期，画工的个人能力逐渐得到国家的认可，其职位也逐渐出现世袭的倾向。从朝鲜中期到后期，较为兴旺的画工家族有阳川许氏、仁洞张氏、庆州金氏、白川赵氏等，他们都在17世纪以后发展成为具有影响力的中产阶层。

从朝鲜时期画工的作品中，我们能了解到很多东西。正如金弘道和申润福的风俗画展现出昔日的生活样貌一样，在王室记录性图画和地图中，也蕴藏着我们尚未洞悉的许多史实。

《华城陵行图》屏风中的《还御行列图》（部分）

此图展现了百姓可以在近处自由地观览国王出行、在队列周边临时搭设座位等，将活动场景描绘得趣味盎然。

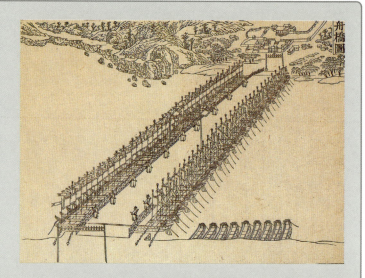

《舟桥图》

舟桥为正祖设计，可同时停泊36艘船。选自《园幸乙卯整理仪轨》。

以正祖陪伴其母亲——惠庆宫洪氏到访水原时的历史事件为原型绘制的屏风和《园幸乙卯整理仪轨》的班次图，完整地反映了18世纪后期的历史面貌。比如百姓可以自由地观览国王的出行，队列周边可以临时搭设座位，这些场景被画工们的妙笔描绘得趣味盎然。此外从渡汉江的画面中可以看出，正祖设计的舟桥（浮桥）非常科学合理。

另外，记录性图画能反映出国家的政治理念，我们也可以从中发现新的史实。1872年大院君执政期间制作的地方地图是由全国各地的画工绘制好本地地图后进贡给中央的。在地图里，画工绘制了当时为反对与西方交往而设立的斥和碑，由此可见当时的闭关锁国政策是在全国推行的。除此之外，在海南郡和珍岛的地图里还发现了龟船，在天安的官衙建筑图里发现了太极花纹，这些史实在其他文献资料里并无记录。

在无法摄影的年代里，统治阶层同样存有想要更加生动地记录活动仪式现场的愿望，随着这种愿望愈发强烈，对画工的需求也不断增多。可以说画工的活动与当时朝鲜政府想凭借记录留下历史事实的意图是密不可分的。

画工绘制的地方地图

　　从上到下依次为《加德镇地图》《海南地图》《天安地图》，各自标识出了斥和碑、龟船、太极图案。通过此地图，我们可以了解当时的社会景象。

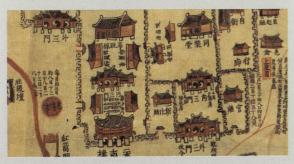

班次图使用的材料

　　班次图是用颜料绘制而成的，但是当时并没有现今使用的颜料，那么画师是采用何种方式进行着色的呢？所幸仪轨中记载了制作班次图所使用的材料，使这个疑惑得以解答。仪轨中不仅记载着画工所使用的材料，而且对各种匠人使用材料的情况也都一一记录，由此我们可以知道班次图是如何完成的。绘制班次图所需材料如下。

捣炼纸 1 卷 10 张	三青 5 钱	沙钵 3 立
草注纸 1 卷	唐朱红 3 两	贴匙 10 立
楮注纸 4 卷	同黄 2 两	磁碗 2 立
出草白纸 1 卷	青花 3 两	沙莫子 2 个
太末 2 升	片胭脂 2 斤	甫儿 3 个
画本次油纸 3 张	稚羽 10 个	方文里 1 个
自作板 1 立①	破油笔 1 副	柜 1 副
黄毛 2 条	土火炉 2 座	炭 7 升
紫砚 4 面	阿胶 2 两	黄笔 3 柄
真粉 10 两	白苎布 1 尺	真墨 1 方
三碌 5 两	白绸 1 尺	
二青 5 钱	沙大贴 10 立	

　　三碌、二青、三青属于天然颜料，由此可见染色用的是矿物或植物等天然材料。班次图在历经数百年后，至今仍不变色，其之所以能展现出特有的艳丽而清雅的色感，天然颜料功不可没。

---

　　① 立：计算扁平物体数量的单位。——译者注

天然颜料的种类

矿物颜料

石绿

雄黄

朱砂

青金石

植物颜料

红花

郁金香

丁香

蓝蓼

参考玄岩社《我们应该知道的天然颜料》

第四章

仪轨的保管

仪轨根据制作方法，可以分为手抄本和印刷本。大部分仪轨是负责人用笔直接书写的手抄本。仪轨一般会制作 5~9 份，再根据阅览人和保管处分为御览用仪轨（国王亲自阅览的仪轨）和分上用仪轨（分几处保管的仪轨）。御览用仪轨通常制作一份，正祖即位年（1776）设立奎章阁后，主要保管在奎章阁中；分上用仪轨在议政府、春秋馆、礼曹等主管国家典礼的机构以及首尔和地方的史库中分散保管。记录婚礼仪式的嘉礼都监仪轨，必须送礼曹保管；记录宫殿修建的营建都监仪轨，必须送工曹保管；而像大射礼仪轨，则会给召开活动的成均馆送呈一份以作留存。

若想知道仪轨的保管处，看其封面即可。在仪轨的封面上，保管处通常会和书名、制作年代写在一起。例如，封面上标着"礼曹上"，这部仪轨便是由礼曹保管的；若标着"五台山上"，就是由五台山史库保存的。

建造于正祖即位年（1776）。下层是保管王室图书的奎章阁，上层的宙合楼是资料阅览室，特意建造成楼阁样式，以便眺望四方景色。ⓒ Kim sung-chul

《奎章阁图》

上层是宙合楼，下层是奎章阁，各有牌匾。宙合楼左边的建筑是晒书的书香阁，右前方建筑是举行科举考试的暎花堂，左下方是芙蓉亭和芙蓉池。金弘道，约1776年，缎面彩绘，144.4cm×115.6cm，藏于韩国国立中央博物馆。

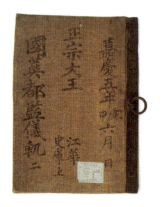

《淳妃册封仪轨》（左）、《正祖大王国葬都监仪轨》（中）和《大射礼仪轨》（右）

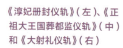

从图片上可以看出 3 种仪轨的保管场所分别为太白山史库、江华府鼎足山史库和议政府。藏于首尔大学奎章阁。

议政府和礼曹

议政府和礼曹是保管仪轨的代表性国家机构。议政府是审议和决定国家典礼的机构，礼曹是实际操办国家典礼的部门，因此一定会给二者发放仪轨。

大韩帝国末期，根据官制改革，仪轨的保管处被更改为掌礼院、秘书院、礼式院等，它们也是国家典礼的执行机构。

春秋馆和史库

其他仪轨分散保管在春秋馆和地方的四处史库中。提起春秋馆和地方史库，我们马上会想到《朝鲜王朝实录》，因为编纂实录的是春秋馆，保管实录的也是春秋馆和地方史库。其实史库里不只有实录，还有王室族谱、经学书籍、史书等国家编修的重要文献。仪轨作为国家重要的记录资料，也被珍藏在史库中。

史库建筑通常由史阁和璇源阁构成。史阁主要是保管实录的地方，因此又称"实录阁"；璇源阁是保管王室的族谱——《璇源录》等王室相关资料的场所，因此仪轨很可能被存放在璇源阁中。

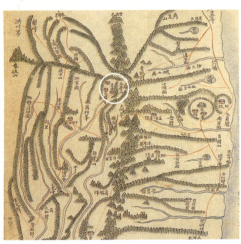
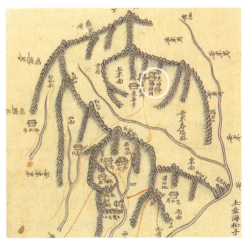

江华鼎足山史库（左上）

《海东地图·江华府地图》中的鼎足山史库。鼎足山史库之前在江华府内奉先殿西侧，宣祖三十九年（1606）移到了摩尼山，1660 年在鼎足山城建立史库，传灯寺是其守护寺庙。

茂朱赤裳山史库（右上）

《海东地图·茂朱府地图》中的赤裳山史库。随着与后金关系的恶化，朝鲜为把妙香山史库的实录转移到南部保管而设立了该史库。史库建筑是光海君六年（1614）落成的。

江陵五台山史库（左下）

《海东地图·江陵府地图》中的五台山史库。五台山史库建造于宣祖三十九年（1606），指定月精寺为其守护寺庙，但实际上由尼庵灵鉴寺担负其守护职责，因此又称灵鉴寺为史库寺。

奉化太白山史库（右下）

《海东地图·奉化县地图》中的太白山史库。太白山史库是宣祖三十九年（1606）为保管新印制的实录在太白山立峰下设置的，后于 1634 年搬到了距此处 1 里的瑞云庵附近，即现今史库处。

《五台山史库图》

《金刚四君帖》画幅之一。画册是由60幅画组成的真景山水册，在封面写有"金刚全图"的标题。金弘道奉正祖之命，到关东地区写生，将风景以《奉命图写帖》流传下来。金弘道，1788年，缎面淡彩，30.4cm×43.7cm，个人收藏。

朝鲜时期负责管理史库的正式机构虽然是春秋馆，但实际上，守护地方史库的是附近寺庙的僧侣。守护地方史库的寺庙是指定的，如鼎足山史库由传灯寺守护，赤裳山史库由安国寺守护，太白山史库由觉华寺守护，五台山史库由月精寺守护。在把佛教当作异端排斥的朝鲜时期，由僧侣守护国家的正式文献记录虽然不合名分，但考虑到史库处于普通人难以接近的山岭地区，从安全防御和节省国家经费等方面来看，合理利用当地寺庙确是较为有效的措施之一。

在奎章阁现存的古地图上，史库的位置都被明确标注出来，这表明当时国家非常重视对重要文献的保管。在18世纪后期金弘道奉正祖之命描绘关东地区优美景致的画册中，就有五台山史库，从中也能看出朝鲜人对史库的重视。

史库的历史

　　从高丽朝起，实录开始在史库中保存，特别是到了高丽后期，为彻底防止实录流失，在首都开城设立内史库，在地方设立外史库，实行二元管理体制。朝鲜时期继承了这一管理方式，初期实行首尔春秋馆史库和地方忠州史库的二元管理制，到世宗时增加了庆尚道星州史库和全罗道全州史库，从而形成了四库体制。

　　朝鲜前期的四个史库分别位于人员往来频繁的首尔和地方官员们的居住地，因发生火灾，史库书籍几经折损，其后壬辰倭乱的爆发给统治者重新考虑史库位置提供了一个绝佳的契机。壬辰倭乱时，朝鲜要塞地区都被倭寇占领，除了全州史库外，其他史库的书籍均遭大火焚毁。全州史库的书籍能够保存

《朝鲜古迹图谱》所载的史库

　　上两图为太白山史库的全景与侧图，下两图为五台山史库的全景与侧图。

下来，得益于孙弘绿、安义和其他地方儒生奋不顾身的保护。

　　仪轨的诸般经历使人们意识到，在交通便利、人员往来频繁的地区很难完整地保存文献。因此，战争结束后，史库被从繁华地段转移到崇山峻岭中，库藏被分散到各个地方保管。尽管无法确保资料完整地保存下来，但至少可以有效地避免库存尽毁。

　　朝鲜后期实行五库管理体制，五库以首尔的春秋馆史库为首，包括江原道摩尼山史库、平安道宁边的妙香山史库、庆尚道奉化的太白山史库、江原道平昌的五台山史库。负责实录编修的春秋馆位于首尔，因此把春秋馆史库设在首尔理所应当，而此外的其他史库都被设置在险山环绕的地区。摩尼山史库在丙子之役时严重受损，并于显宗元年（1660）遭遇火灾，后被迁移到附近的鼎足山；妙香山史库因担心后金入侵，被转移到位于全罗道茂朱的赤裳山。鼎足山、赤裳山、太白山、五台山四大地方史库一直存续到朝鲜王朝灭亡。

江华府行宫原址上复原
的外奎章阁建筑。

外奎章阁

　　另一处保存仪轨的地方是位于江原道的外奎章阁。正祖
六年（1782）在江华岛行宫设立外奎章阁，将原本在江华府
和昌德宫奉谟堂中保管的王室相关物品都转移至此。为防止
流失，奎章阁中保管的御览用仪轨也被转移至外奎章阁。

　　现今的江华岛不过是仁川广域市下属的一个郡，在朝鲜
时期却是设置了留守府的大都市（相当于今天的直辖市）。
朝鲜时期，鉴于江华岛的地理位置和战略价值，正祖在此处
设立外奎章阁。江华岛如此受重视，与其在交通和国防上的
重要性密切相关。

　　与今日不同的是，朝鲜时期更重视连接江海的水路。因
为水路无须铺设道路，只要合理利用原本的自然条件即可，
而且水路还有利于防御骑术精湛的北方民族的入侵。

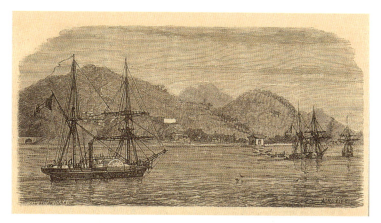

停泊在江华府甲串津的法军
舰队，Zuber, H., 1866 年。

法国海军眼中的江华府全
景，Zuber, H., 1866 年。

　　江华岛位于西海到汉江再到首尔的隘口上，以人体作喻
则相当于连接头和身体的颈部，属于要塞之地。在和平年
代，江华岛是将庆尚道和全罗道的贡品运往首尔的通径；在
战乱时期，江华岛则成为守卫首尔的前哨基地。大韩帝国
末期丙寅洋扰、辛未洋扰等西方列强的入侵战争都发生在
这里。

　　所以，朝鲜政府很早就开始在江华岛构建防御体系，提
前守备首尔要道。正祖在铜墙铁壁般防守严密的江华岛上设
立外奎章阁，意在使奎章阁所收藏的重要国家文献能够被安
全、完整地保管。然而在国防方面被认为是最安全地区之一

的江华岛，不幸在 1866 年遭到法国入侵，外奎章阁所保管的御览用仪轨被劫掠一空，其余的典籍也被尽数烧毁。

现在的保管处

现今朝鲜时期的仪轨分别被收藏在韩国首尔大学奎章阁、韩国精神文化研究院（现韩国学中央研究院）藏书阁、日本宫内厅、法国国家图书馆等地。保管仪轨最多的地方是奎章阁。奎章阁是藏有大约 560 种、3000 余册仪轨的"仪轨宝库"，其藏本由春秋馆、礼曹、四处史库所保管的仪轨汇集而成，因此馆藏种类丰富、数量庞大。大部分御览用仪轨在 1866 年丙寅洋扰时遭到掠夺或被烧毁，此后制作的御览用仪轨如今都存放于奎章阁中。

藏书阁中有共计 300 余种、500 余册仪轨，主要包括之前由赤裳山史库保管的仪轨和高宗朝以后编纂的仪轨。法国国家图书馆收藏着共计 191 种、297 册仪轨，这些仪轨是 1866 年丙寅洋扰时被法国海军从江华府外奎章阁中掠走的。除此之外，从法国流出的《己巳进表里进馔仪轨》如今被保存在大英图书馆中，而日本殖民时期流入日本的 69 种仪轨则被收藏于日本宫内厅中。

奎章阁仪轨保管处的过去
（左图）和现在（右图）

国葬行列所使用的吉仪仗和凶仪仗

    所谓仪仗是为了显示天子或位高者的威严，按照一定排列方式竖起的兵仗器。仪仗根据个人身份、活动规模和性质的区别而有所不同，在排列方式上也各有规定。国葬行列所使用的仪仗可分为吉仪仗和凶仪仗，它们都是国葬都监二房制造的。

吉仪仗　　　　　　　　　　　　　　　　　凶仪仗

| 第二编 |

仪轨中的王室文化

班次图将王室活动的主要场景以图画的形式加以表现，与如今婚礼仪式的纪念照片或录像性质相似。「班次」是指根据不同职责按顺序进行的排列。班次图生动再现了当时活动的参与人员、仪仗旗样貌、轿辇配置等。看着仪轨的班次图，如同亲临其境。

第一章

朝鲜王室胎盘奉安仪式的记录
——胎室仪轨

　　朝鲜时期的国王，自以王位继承人——元子的身份诞生之日起，其存在就被神化了，建造供奉国王胎盘的胎室就很好地体现了这一点。有关供奉王室胎盘的记录，如藏胎仪轨、胎室仪轨等多数被保存了下来，从中我们也能接触到朝鲜时期丰富而有趣的生育文化。

　　自古以来人们就认为是胎盘赋予了胎儿生命，所以王室的胎盘在产妇分娩后会被妥善保管。据说胎盘与国运紧密相连，因此显得尤为珍贵。胎盘大都放在被称作"胎瓮"的坛子里，但考虑到王世子或王世孙等王位继承人的胎盘日后会被加封，所以另建石室加以保管；加上风水思想和山神崇拜信仰的影响，遂形成了将胎室建在名山上的惯例。

　　在王室胎盘被神化的朝鲜时期，将有关胎盘的记录文献汇集保管并编纂成仪轨成为不可或缺的重要事项。在奎章阁等处现藏的《正宗大王胎室石栏干造排仪轨》（1801）、《元子阿只氏藏胎仪轨》（1809）、《翼宗大王胎室加封石栏干造排仪轨》（1836）、《太宗大王胎室仪轨》（1866）等与胎室相

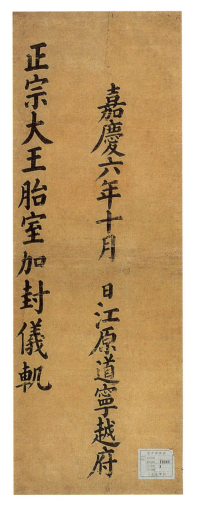

关的仪轨里，可以发现王室保管胎盘并在胎室周围放置各种石物的记录，从中能够了解朝鲜王室的藏胎文化。

探究宫中生育习俗

比起民间，宫中的生育规模更大，仪式也更加复杂。怀孕的王妃或世子嫔即将分娩时，首先要设置负责生产所需的临时机构——产室厅。产室厅一般在产前3~5个月设立，负

胎室仪轨

图为《正宗大王胎室加封仪轨》的封面（左）和《景宗大王胎室石物修改仪轨》的正文部分（右）。胎室仪轨的特征是成品狭长。藏于首尔大学奎章阁。

责调配生育时所需的人员与物品，与今天的妇产科相似。在产室厅，药房提调轮流当值，医官在产妇所在宫殿待命，以防万一。临近预产月份时，准许产妇父兄入内当值，娘家母亲入内协助产后调理。

即将临盆时，会张贴祈祷顺产的护符，并铺设产席。产席上围着黄鼬皮，蕴含诞生王子的美好祈愿。分娩时产婆的角色一般由女医或事先指定的乳母担任，孩子出生后国王亲自去产室探望，并摇晃门楣上悬挂的铃铛报喜。若诞下长子或长孙，三日后要到宗庙禀报先祖，七日后接受百官庆贺。

分娩后胎盘会被立即清洗，大约百遍之后方可放入坛内，用油纸和蓝绸包裹，再用红绳捆绑密封。装着胎盘的坛子会被放进更大的坛子里，中间的空隙用棉絮填充，这样胎盘就被保管在两个坛子中。保管王室胎盘使用的坛子代表了当时白瓷制造的最高水准，如今也成为国宝级的文化遗产。

白瓷内外壶

国宝 1169 号白瓷胎壶。白瓷内外壶与明确记载癸未年的胎志石一起出土，成为 17 世纪前期白瓷研究的重要材料。17 世纪，外壶高 30.9cm，内壶高 19.4cm，藏于湖林博物馆。

民间剪脐带的习俗

　　民间产妇分娩后剪脐带的方式为：从距离新生儿肚脐一拃左右的部分剪起，末梢用线扎口并缠上干净的棉花，放在新生儿肚子上。脐带大都用剪刀剪断，若是女婴，也有用消过毒的镰刀或菜刀割断的，这是祈愿下一胎能生育男孩的意思。胎盘等用稻草或纸包好后放在三神像下，讲究的人家会选好时辰放在吉位上。

　　胎盘一般在产后三日内或第三日处理，处理方法也因地而异。首尔地区会放在稻糠、木炭或柴火上烧，然后使之泛于干净的水面或埋在山中；京畿道地区会在剪断脐带的当天，将胎盘放在灰火上烤干；江原道地区会把胎盘装在盛酒的小坛子里埋在土中，过五六年后再取出来；济州岛地区则会在三岔路口烧一下胎盘，然后放入碗里封好后泛于水中。

（以上参考《韩国民俗文化大百科词典》）

埋胎

　　胎盘被如此神化，最重要的原因是人们认为胎盘是人生之初始。世宗朝的郑秧引用了唐朝人一行所著的《六安胎》，内容如下：

　　人生之始，因胎而长，况其贤愚盛衰，皆在于胎者乎！是故男子十五年而藏胎，皆待其志学遵嫁之年也。男值好地，聪明好学，官高无疾；女值好地，婵妍端正，得人钦仰。惟藏不过度，乃获征祥。其好地，皆端正突起，上接云霄为吉地。

——《世宗实录》卷74，十八年八月辛未条

胎志石

正反面分别明确标注有
"乙卯年十月十七日卯时生
王子阿只氏胎"和"癸未年
十月二十五日未时藏"的字
样。通过一同出土的白瓷胎
壶的样式，可以推断出这里
说的癸未年，指的是1643
年。藏于湖林博物馆。

所谓"安胎"，是安置胎盘的意思，即把胎盘洗净后放
在白瓷坛里，然后安放于吉位，最后埋入选定的胎峰。埋胎
时首先建造石室，把装有胎盘的坛子埋入其中，再在石室旁
边竖立胎志石，标明胎盘的主人。一切安顿好之后，会安排
士兵定期守护。按照惯例，王世子的胎室会安排4名守卫；
国王或王妃的胎室则会安排8名守卫。

安胎仪式在胎儿出生后第五个月举行。首先派相地官根
据风水选定胎峰，然后在宫殿中举行"胎奉出"（供奉胎盘
出宫）的仪式，之后，一队以安胎使为"委员长"的人马便
向胎峰出发。安胎时的祭品以宗庙祭祀为准，安胎人马到达
时，地方官需要迎接，并一直协助到仪式结束为止。

所谓"胎峰"，是指选定的高于地表50~100米的椭圆形
小山坡，山顶埋胎，山下建造斋室。如今韩国叫"胎峰里"
的地名都是以前埋胎的地方。胎峰山上需放置石物，石物是
圆形的，自上而下凿有孔洞，石物上面安置用石头雕刻的
胎函。[1]

---

① 〔韩〕金用淑：《朝鲜朝宫中风俗研究》，一志社，1987，第261~263页。

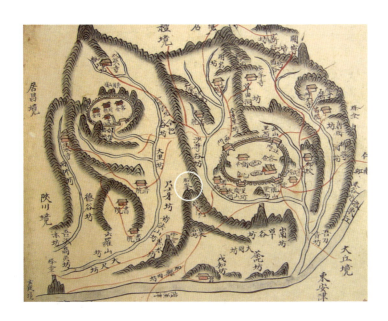

标识胎峰的地图

《海东地图》中的《星州地图》。在地图上做出标识的部分，可以确认是胎峰的位置。

《朝鲜王朝实录》中有因胎峰起火而郡守左迁的记录，还有地方官因为疏于守护胎峰而受到处罚的记录。在《海东地图》和1872年的郡县地图等朝鲜时期的许多地图里，都标出了胎峰的位置，朝鲜王朝对胎峰的神化由此可见一斑。

胎室的设置和管理

胎室是供奉王室子女胎盘和竖立胎志石的地方，会放置各种石物来展示王室威严。从胎室仪轨和藏胎仪轨的记录和图画中，可以看到胎室规模、胎坛形制、放置的石物和在胎室祭祀的场景。

对于胎室放置的石物，文字和图片展示最详细的是1801年编修的《正宗大王胎室石栏干造排仪轨》[①]。此仪轨记载的

---

① 　正宗大王指的是英祖之后的朝鲜第22代国王正祖。原来正祖死后的谥号是"正宗"，但由于高宗朝被追尊为皇帝，因此谥号改为"正祖"。

是增加正祖胎室石物的过程，因此胎室周边石物的状貌、大
小、厚度等都被很好地呈现出来。根据《正宗大王胎室石栏
干造排仪轨》记载，各种石物于十月十八日细细打磨后，十
九日依次分批运送，按照转石—四方石—床石—中童石—盖
檐石—童子石—咒石—竹石的次序堆放，二十七日午时竖立
盖檐石和碑石。

　　此仪轨上还记录着当时修建胎室时所征用的人数。其
中江原道赋役军830人、曳石军970人，忠清道赋役军180
人、曳石军2400人，即由江原道和忠清道4380人互相协
作，共同建造胎室、制成石物。

　　之所以增加石物并加封，是因为胎室的主人继承了王位。
一般王世子的胎室只布置石物和碑石，设立禁止随意出入的

胎室设置的石物大小和高度

九龙台：长6尺，宽3尺5寸。

童子石：8个，长1尺9寸，宽1尺3寸，厚1尺1寸。

碑石：长5尺3寸，宽1尺7寸，厚8寸。

竹石：8个，长3尺1寸，圆直径2尺7寸5分。

四方石：长宽各3尺2寸，厚7寸。

隅裳石：8个，长3尺3寸，宽2尺6寸，厚7寸。

中童石：高1尺5寸，上下圆直径5尺2寸，中圆直径8尺1寸。

隅砖石：8个，长2尺，宽1尺3寸，厚1尺1寸。

盖檐石：高3寸5分，宽3寸2尺。

面砖石：8个，长2尺5寸，宽1尺7寸，厚1尺1寸。

柱石：8个，长3尺5寸，宽5寸，厚1尺1寸。

※ 尺：30.3cm，寸：3.33cm。（1尺约是1寸的10倍）

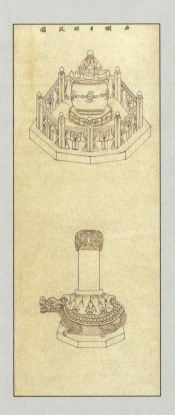
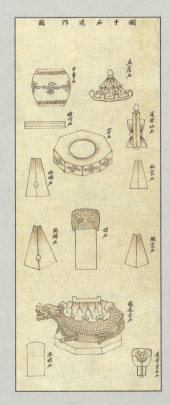

《正宗大王胎室石栏干造排仪轨》图说

　　左边是胎室和胎志石的完成图，右边是标有各组成部分名称的展开图。

世宗子嗣的胎室

世宗大王的 18 位王子与玄孙端宗的 19 座胎室。图中前面一行是庶子"君"的胎室，后面一行是嫡子"大君"的胎室。位于庆尚北道星州郡。ⓒ Kim sung-chul

标识，并安排 2~4 名守卫管理胎室。若王世子即位成为国王，就要对胎室进行加封。而且考虑到国王的威严，会在胎室周围建造石栏杆，扩大禁区面积，守卫也会增加到 8 人。在《正宗大王胎室石栏干造排仪轨》中，元子胎室的禁区是 200 步（360 米），守卫 2 人；即位成国王后进行加封，禁区扩大到 300 步（540 米），守卫也增加到 8 人。埋胎的程序结束后，会举行告后土祭、胎神安慰祭、谢后土祭等祭祀仪式，仪式主礼由献官（祭祀时献酒的人）或胎峰所在地的守令担任。

胎室完工后，在管理方面力求万全，特别是对故意损坏胎室或在禁区内拔草、采石、开垦等行为严加防范，若有违反即刻处罚。因为胎室所在地被认为是风水绝佳地，所以很多人都试图把父母或祖先的坟墓安置于此。中宗朝时因胎室起火，护山员和郡守都受到惩罚；宣祖朝时因守护胎峰不力，郡守和安胎使均受到审讯；1865 年一位名叫金致云的人想借太祖的胎室偷偷安葬母亲，被发现后发配到了黄海道白翎岛。

西三陵胎室全景

　　国王、王子和公主的胎室，共53座。埋藏胎盘的胎封都已遗失，碑石一律为黑色或灰色，上面只标注着胎室主人的名称。许多分散于全国各地的胎室，在日帝强占期被迁移到此处。现位于京畿道高阳市元堂洞。
ⓒ Dolbegae 图书出版

　　另外，胎室建成后，相关用度由当地政府承担。胎室周边的地区被设为禁区，也给当地百姓的生活带来诸多不便。英祖深谙此种弊害，曾下令在宫阙内整洁之处葬胎。正祖在位时，出于避免增加百姓负担的考虑，曾多次推迟对自己胎室的加封。正祖还下令将翁主①的胎盘埋在昌德宫内的宙合楼附近，同样是因为担心胎葬的弊害影响民间。然而遗憾的是，这些措施延至后代逐渐变得有名无实。

迁至西三陵的朝鲜王室胎室

　　位于京畿道高阳市元堂洞的朝鲜王室胎室有53处，其中国王的胎室21处，公主和王子的胎室32处。在胎室的碑石上，刻有此胎室何时、何地迁入的碑文。从碑文记载的胎室原所在地来看，有庆尚北道16处、忠清南道11处、忠清

---

　　①　朝鲜时期非王后所出的王女。——译者注

北道 5 处、京畿道 5 处、江原道 2 处、黄海道 1 处、昌德宫后院 4 处等，主要集中在三南地区①。碑文上刻的年代大都模糊难辨，无法确认迁到此地的确切年份。所幸在后宫的胎室上，还留有未磨灭的昭和、明治等日本年号，由此推断，大部分胎室是在日帝强占期由于特殊原因被迁移至此的。在 1929 年 3 月的《东亚日报》中，有李王职主导把 39 位朝鲜王室成员的胎室迁移到西三陵的简短报道，再次明确了胎室迁移的时间。

王室将胎室建在百姓生活的区域内，虽然会给百姓的生活带来不便，但在大部分人的认识中，这也代表着极高的荣誉——王室将"根"安顿在自己的家乡，会让人感觉自己与王室浑然一体，甚至所在区域的地位也会得到提升。至今韩国还留有"胎峰里""胎峰山""胎藏洞"②等地名，这些地方曾经都有过胎室。

胎峰所在地均为太白山支脉上的风水绝佳处。埋藏王室胎盘的胎峰之所以远离首尔呈分散式布局，是因为凡是风水宝地都可用于建造胎室。世宗 18 名王子的胎室都集中在星州郡月恒面禅石山，同样位于太白山的支脉上。据《胎峰誊录》③记载，王室的胎室会挑三处风水宝地作为备选，最终选定一处。从记载高宗十一年（1874）安葬纯宗胎盘过程的《元子阿只氏藏胎仪轨》来看，分别选择了忠清道结城县龟项面卵山、江原道原州、京畿道杨州三处胎峰候选地，最终由相地官④选定了卵山。

然而，在风水宝地建造的胎室，许多在日帝强占期被迫迁到了西三陵一处，这与日本帝国主义的殖民政策有很大关系。如前文《东亚日报》的报道所述，胎室是在李王职的主导下迁移的，这就意味着其中有日本总督府的政治介入。朝鲜王朝灭亡后，李王职是以掌控朝鲜王室日常事务为目的而设置的机构，不仅没有实权，还须接受日本总督府的指挥。日本侵略者割断胎室这一连接王室和地方居民的纽带，意在扼杀朝鲜人怀念朝鲜王室的念头。再加上大部分胎室都位于风水宝地，这一举

---

① 忠清道、全罗道、庆尚道的统称。——译者注

② 现更名为"台庄洞"。——译者注

③ 记录仁祖二十一年（1643）到英祖十六年（1740）间王室胎峰建造的书。由礼曹制作，记录保管王子、公主、翁主胎盘的场所、日期、所需物品等。

④ 朝鲜时期负责察看天文、地理等诸事的官职，负责王室陵墓、胎峰位置的选定等事务，同时还负责指挥和监督王陵的建造、增修等工事。

动也暗藏着其欲争权夺霸的心机。事实上，很多原胎室所在地后来都变成了日本总督府权要人物的墓地。

不仅如此，他们还把移入西三陵的胎室的群落构造，改成了向日本天皇参拜的神社的形式，胎室也沦为日本殖民统治的工具。被迁入西三陵的朝鲜王室胎室群落，失去了原有的石物和碑石，被围建在呈日字形的墙内。但是此处并未涵盖全国所有的胎室，像现存奎章阁的《翼宗大王胎室加封石栏干造排仪轨》的主人——翼宗的胎室就幸免于难，不在西三陵。日本可能是在加速殖民统治的 1930 年前后，为割断朝鲜王室和百姓间的纽带，将处于各风水宝地的胎室杂乱无章地迁到了一起。

雪上加霜的是，日帝强占期间可能有很多胎室曾遭到偷窃，如月山大君胎室中的胎坛就被日本人盗取。此胎坛后在日本收藏并展出，这一事实充分证明了日本殖民者的罪恶行径。日本殖民者连代表朝鲜王室的胎室也意图灭迹，在半岛强硬地实施他们的殖民统治，胎室仪轨中同时记载了这些令人心痛的历史。

第二章

朝鲜王室婚礼仪式的记录

—— 嘉礼都监仪轨

在朝鲜时期，结婚无疑是人生最大的喜事，更何况婚礼当事人既非平民又非贵族，而是王室成员。王室婚礼不仅于个人，于国家而言也是重要的大事。王室的婚礼属于"嘉礼"，详细记录嘉礼顺序和过程的仪轨便是嘉礼都监仪轨。现存最早的嘉礼都监仪轨是仁祖五年（1627）昭显世子的嘉礼仪轨，最晚的是 1906 年朝鲜最后一位国王纯宗的嘉礼仪轨，由此间流传下来的 20 多部嘉礼仪轨中，我们基本可以还原朝鲜时期王室婚礼的场面。特别是嘉礼仪轨末尾部分绘制的班次图，更加生动地还原了嘉礼现场，使人如同亲临盛典，又如观赏录像带一般，可以轻松感受到现场的喜庆气氛。

嘉礼都监仪轨的制作过程

嘉礼意即王室之重大庆典，通常用来指王室的婚礼或册封典礼，但从朝鲜后期嘉礼都监仪轨的内容来看，记载的几乎都是国王和王世子的婚礼。由此我们可以看出，"嘉礼都

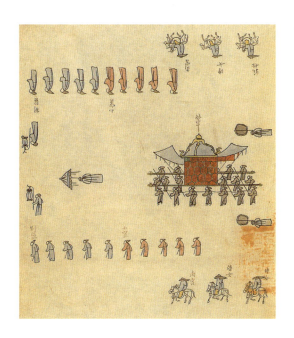

《昭显世子嘉礼都监仪轨》班次图中的《王妃轿辇图》

《昭显世子嘉礼都监仪轨》在现存的嘉礼都监仪轨中历史最为久远，记录的是仁祖五年（1627）十二月昭显世子与姜硕期的女儿姜嫔的婚礼庆典。

监仪轨"中的"嘉礼"一词实际上已经演变为指代王室婚礼仪式的专门用语，特别是指国王和王世子的婚礼。

　　事实上，从朝鲜前期开始就设立了负责王室婚礼的"嘉礼都监"，并且编纂过记录这一时期嘉礼举办状况的嘉礼都监仪轨，这一点可以从《朝鲜王朝实录》中得到确认。但现存仪轨中并无朝鲜前期的仪轨，最早的嘉礼都监仪轨是记录仁祖五年（1627）十二月二十七日昭显世子与姜硕期之女姜嫔婚礼庆典的《昭显世子嘉礼都监仪轨》，最晚的则是1906年记录纯宗与其王妃婚礼仪式的《纯宗纯宗妃嘉礼都监仪轨》，在此二百八十年间，流传下来的嘉礼仪轨共有22部。

　　嘉礼都监仪轨有的是单册成书，有的是双册成书。现存仪轨中单册成书的部分是从《昭显世子嘉礼都监仪轨》到《庄祖献敬后嘉礼都监仪轨》，自《英祖贞纯后嘉礼都监仪轨》（1759）起，开始更为详尽、系统地记录婚礼仪式全过程，因此其后的嘉礼都监仪轨都是双册成书。英祖朝时，制

定了《国婚定例》（1749）和《尚方定例》①（1752），此后，仪式的程序更趋精细化和系统化，仪轨的内容也随之丰富起来。《英祖贞纯后嘉礼都监仪轨》之后，双册成书的嘉礼仪轨制作模式得以定型，正反映了这一事实。

单册嘉礼都监仪轨与双册嘉礼都监仪轨的具体差异反映在班次图上。单册仪轨中班次图的分布是从第8页到第18页，规模较小，只绘制了王妃的轿辇；而双册仪轨中的班次图是从第46页到第92页，规模较大，国王与王妃的轿辇都绘制于上。从中我们可以看出，到了朝鲜后期，礼仪活动的内容愈发系统化、规范化。

王室婚礼的程序

嘉礼都监仪轨对王妃的拣择礼和纳采、纳征、告期、册妃、迎亲、同牢宴六礼程序，甚至婚礼中所需各种物品的制作材料和数量、参与物品制作的匠人名单，以及相关部门间

---

① 《尚方定例》于英祖二十八年（1752）由尚衣院制定，规定了尚衣院的工作范围。尚衣院是负责供给与管理王室衣装、金银宝物的官厅。

的交换文书等都有详细记载，最后再以反映礼仪活动精彩场面的班次图收尾。如此系统、华丽的嘉礼都监仪轨堪称朝鲜时期仪轨中的"精品"。

王室婚礼的第一道程序为"拣择"，即挑选"闺秀"的过程。王室大婚之前，国家颁布禁婚令，以全国所有适龄女子为对象（宗室之女、李氏之女、寡妇之女、姬妾之女除外），要求上呈"处女单子"，但实际呈送处女单子的应征者通常仅有25~30人。这是因为"拣择"不过是形式上的程序，大部分情况下"闺秀"都是内定的，而且其家族还要承担参加"拣择"的庞大费用。参加选秀需要准备衣装、轿辇等，这些准备活动的花销是巨大的，更何况假使被选中成为王室夫人，还要承担随之而来的巨大政治风险，所以普通人往往避之不及。

那么，接受"拣择"的闺秀的心情又是如何的呢？惠庆宫洪氏所著《恨中录》记载了其参与思悼世子妃遴选时的相关情形："拣择之后，登门拜访的亲戚忽然一下子增多，以前根本不走动的下人们也来往频繁，足可见世态与人情。"这种趋附权贵的世态与现在并无差别。

王室拣选王妃时要经过三道审查程序，以保障王妃拣选的最大公正性。并且，拣选王妃的重要礼仪活动要告示全国，营造庆典气氛，以显示王室在全国范围内进行遴选的意志。

《恨中录》

此书为正祖的生母、思悼世子嫔——惠庆宫洪氏的自传体回忆录。藏于首尔大学奎章阁。

王妃的拣选与六礼的程序

王妃的拣选

在王妃候选者中拣选。大约经历三次拣选，第一次选出
6~10 名，第二次选出 3 名，第三次最终确定 1 名王妃人选。

六礼的程序

纳采：下达请婚书。给王妃下达象征订婚的"教命"，
王妃接受"教命"的仪式。

纳征（纳币）：派送象征婚姻成立的礼品（彩礼）的
仪式。

告期：采定婚姻日期的仪式。

册妃（册嫔）：册封王妃或者世子嫔的仪式。王妃身着
婚装——翟衣前往接受册命之席。

亲迎：国王亲自前往别宫迎接王妃的仪式。

同牢宴：婚礼告成后的宫中宴会。国王将王妃迎入宫
中，一起行礼、敬酒的仪式。

**高宗与明成皇后的嘉礼
再现场景**

在云岘宫内举行的
高宗嘉礼再现仪式，照
片为"三拣择"与"最
终拣择"场面。ⓒ Kim
keo-bu

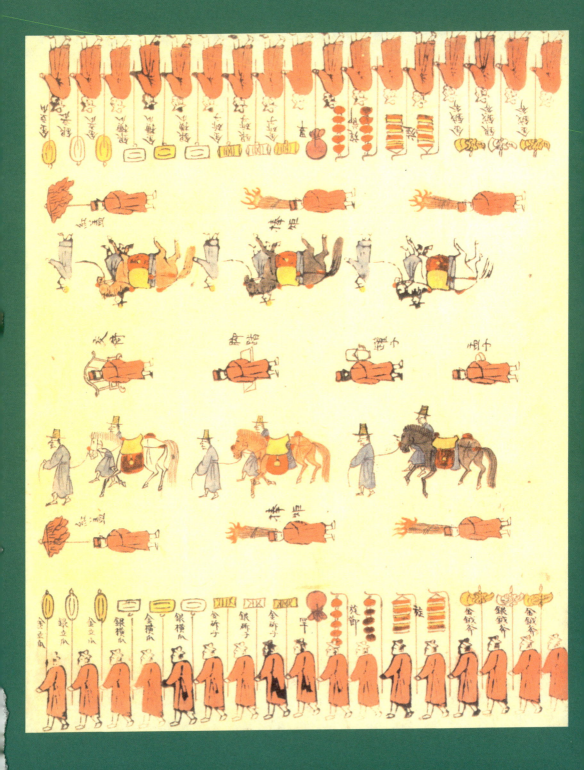

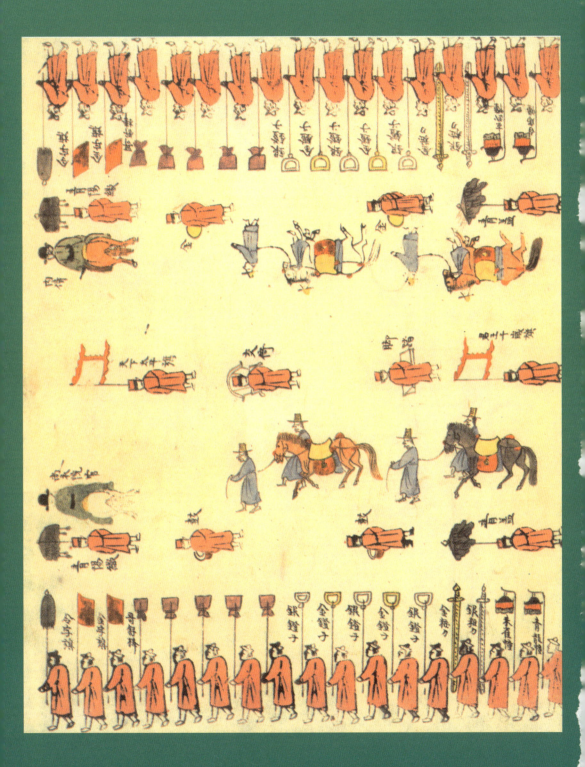

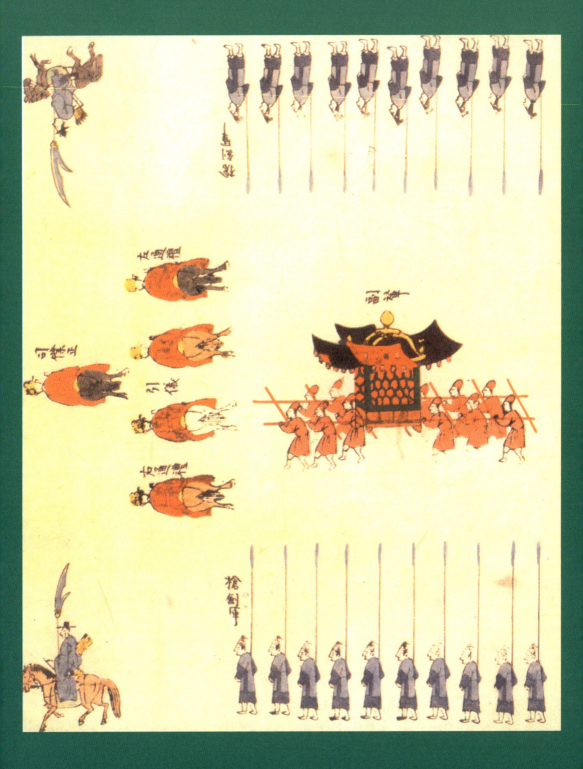

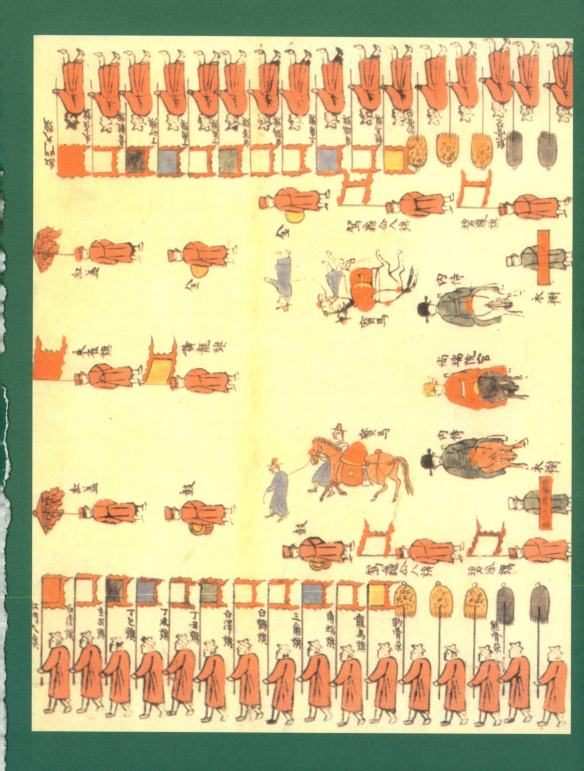

《英祖贞纯后嘉礼都监仪轨》班次图中国王御驾队列

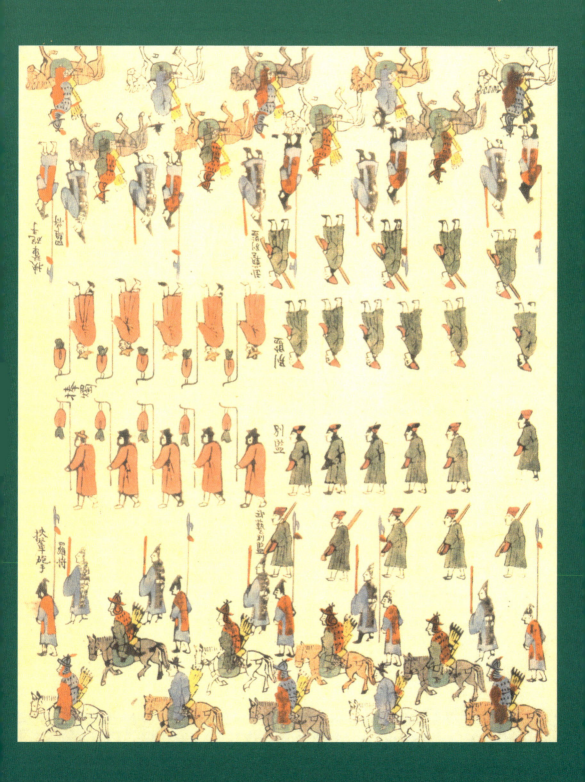

遴选秉持公平的原则，参加拣择的女子须统一着装。初次拣择时所着的韩服为三色韩式上衣①、红裙子；第二次拣择和第三次拣择时，所着衣装的装饰品也随之增多。第三次拣择时胜出的女子在前往夫人宫时所着的衣装为嫔妃的大礼服，从衣着上看，其此时已具备了王妃的威容。

经三次拣择后胜出的女子被安置在别宫内。别宫是准王妃学习王室礼仪制度的地方，同时也是为了减少国王去女方家时的负担而设置的场所。朝鲜时期使用最多的是"于义洞"别宫韩国（现位于首尔市钟路区孝悌洞），高宗与明成皇后嘉礼时所用的别宫则是大院君的私邸云岘宫（现位于首尔市钟路区云泥洞）。

拣择胜出的女子在别宫内学完王室礼法后，相关官厅就会按照纳采、纳征、告期、册妃、亲迎、同牢宴等王室婚礼的基本程序——六礼举行国王的嘉礼仪式。六礼中最为精彩的部分是国王亲迎王妃时的场景，几乎所有嘉礼都监仪轨末

---

① 即领子、袖口、衣带三处须用不同颜色的布料，韩称"三回装"韩式上衣。——译者注

高宗嘉礼再现场景中的亲迎环节

2004 年 10 月 2 日，在云岘宫中举行了高宗与明成皇后的嘉礼再现仪式。此次活动由首尔市政府主管，重现了嘉礼六礼中的王妃册封礼与国王迎娶王妃的亲迎礼。举行婚礼时，高宗 15 岁，明成皇后 16 岁。照片为亲迎礼的场面，从上到下依次为国王的轿辇、卤博与前部鼓吹。ⓒ Kim keo-bu

尾所附的班次图都绘制有国王亲迎的场景，由此可见其隆重程度。

华丽的婚礼庆典

要想了解朝鲜时期王室婚礼的规模和大体场景，班次图的作用最为明显。班次图将婚礼庆典的主要场面以图画的形式表现出来，使我们可以清楚地了解到现场的参与人员、仪仗队的阵形、轿辇的排列等情况。

如前所述，班次图并非庆典当日所绘，而是在庆典前夕将参与人员与所需物品事先绘制出来，以最大程度减少庆典当日的失误。据记载，英祖与贞纯王后的大婚亲迎日是六月二十二日，而绘有亲迎场景的班次图于六月十四日已经制作完毕并上呈国王过目。

嘉礼都监仪轨的班次图中多绘有国王前往别宫亲迎王妃的场景，这是因为大家普遍认为亲迎是整个嘉礼仪式中最为精彩的部分。班次图中绘有在国王大驾前护卫的先厢军 [1]、前射队，婚礼主角——国王与王妃的轿辇，紧随其后担任护卫的后厢军 [2]、后射队，以及官员、护卫、尚宫、内侍、渲染现场气氛的乐队、维持秩序的军牢等各种身份的现场参与人员，他们都按照不同的分工与作用行进在事先安排好的队列中。在这些人中有骑马的，也有步行的。图中还绘有很多女性，有骑马行进的尚宫，也有宫中地位低下的针线婢女。

班次图中，队列的绘制方式多种多样，有的只绘制了背影，有的绘制了侧面，有的则用俯瞰图的手法加以表现。多角度的人物绘制方式使很容易给人以单一、枯燥感觉的人物队列画平添生趣，让我们领略到朝鲜时期画工的艺术才能。

班次图中出现的人物由于身份不同，着装也有所不同。头戴面纱、身着不同服饰的女子，身穿各式军服的骑兵、步兵，他们的形象对于研究古代服饰的人来说都是难得的珍贵资料。烘托队列气氛的仪仗队的样貌也十分有趣，前阵旗手举着的蛟龙旗、纛旗，以及仪仗人员所持的旗、伞、扇等，无不彰显出王室的威严与权势。

---

① 国王出行时在前面负责护卫的军队。
② 国王出行时在后面负责护卫的军队。

**《英祖贞纯后嘉礼都监仪轨》
班次图中的王妃车驾**

从班次图的队列中可以看出，王妃的轿辇被安排在教命腰舆、玉册腰舆、金宝腰舆、命服腰舆等盛放与王妃册封礼相关的教命、玉册、金宝、命服等物品的轿子之后。

由数百名成员组成的游行队伍体现了当时朝鲜的国力和最高文化水准。今天，我们能通过流传下来的仪轨了解到当时现场的情形，是一件多么幸运的事情！

班次图一般由两部分组成。前半部分绘制国王的御驾，后半部分绘制王妃的凤驾。国王的御驾行进在临时设置的轿辇——"副辇"之后，王妃的凤驾则行进在分别载有王妃册封时的教命、玉册、金宝、命服等物品的教命腰舆、玉册腰舆、金宝腰舆、命服腰舆之后。国王与王妃的车驾均安排有前射队和后射队。国王的御驾四面敞开，可以看得见内部，而王妃的凤驾则看不见内部。主管嘉礼的官员如都提调、提调、道厅、郎厅等议政府大臣与担任护卫的武官们行进在国王与王妃的车驾周围，引导着队列的前行。

人物、马匹、仪仗物、舆、辇的绘制像用刻在木板上的图章盖下来的一般，非常精美，在250多年后的今天依旧鲜活多彩，这对研究当时的服饰和仪仗队物品等提供了很大的帮助。仪仗队物品的种类非常丰富，其中仪仗旗是国家与王室的象征，是仪仗队的核心，其余仪仗物均以其为中心，整齐排列。仪仗物中还有斧、刀、枪等象征权力的军事性物品和伞、扇等象征祥瑞的一般性物品，这一切都显示出拥有绝对统治权的国王与王室的威严。

班次图中出现的队列人物，以国王与王妃的轿辇为中心，用背面图、左侧面图、右侧面图等形象予以呈现。为什么用多个角度、多种形态表现人物呢？这可能是为了更好地区分队列中的各部人员，确认其各自所承担的工作。礼仪活动前绘制班次图，具有彩排预演的性质，在其中区分开各部门各工种的人物就显得相当重要。为了满足这一需求，多角度绘制人物的样貌是十分必要的。这样一来，班次图也显得十分立体，给人一种充满活力的流动感。班次图记录的是国王嘉礼这一盛大的活动，既要写实，又要具有彩排预演的实际功效。我们从这样的班次图中感受到了朝鲜时期人们的智慧。

嘉礼都监仪轨中的记录，不仅向我们形象地展示了国王嘉礼的具体内容，也让我们感受到当时朝鲜社会的政治、文

班次图中所绘的人物侧面图与背面图

从不同的方向绘制了人物的左、右侧面及背面，增添了人物的立体感。

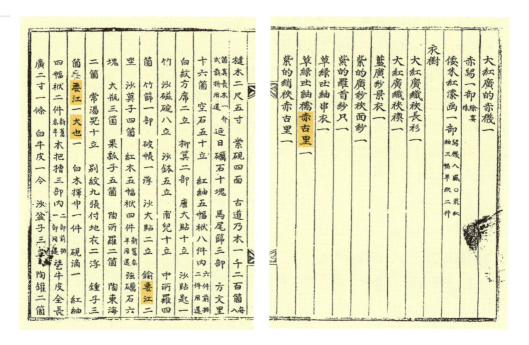

《英祖贞纯后嘉礼都监仪轨》班次图中的器皿图说（部分）

礼仪活动中使用的尿壶、水盆、铜尿壶、短褂等物品的名称均根据其朝鲜语发音用"要江""大也""鍮要江""赤古里"等汉字书写。

化氛围与经济水平。同时，我们从制作仪轨所用的干净结实的纸张、精心书写的流丽字体以及经历250多年岁月洗涤依然明朗绚烂的彩色图画中，再次体会到作为重点保护文物的仪轨的价值。另外，仪轨中用韩式汉字记录礼仪活动时使用的各种传统物件名称，又让我们对历史平添了几分亲近感，如"赤了"①"大也""要江"等就是典型的例子。仪轨是记录韩国文化精髓的优秀文化遗产，作为国际化时代的文化使节也毫不逊色。"民族的就是世界的"，将传统文化的真实一面展示给我们的嘉礼都监仪轨一类的历史资料，很好地诠释了这句话的内涵。

---

①　即裙子。——译者注

《嘉礼都监仪轨》的主要内容

- 礼仪活动参与人员名单
- 相关部门的往来文书
- 制作轿辇、仪仗物等物品的匠人名单
- 各物品所用材料的数量及费用
- 国王、王妃的衣装
- 宫女、内侍等参与人员的衣装
- 礼仪活动花费总金额、返账金额

参与礼仪活动的匠人名单

名单中记录了画工、银匠、木匠等匠人的实名。选自《英祖贞纯后嘉礼都监仪轨》。

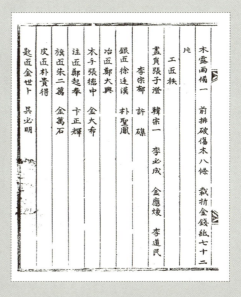

第三章

朝鲜王室国王葬礼的记录
——国葬都监仪轨

　　儒家的必读书目——《论语》中有"慎终追远，民德归厚矣"这样一句话，说的是君主若能按照礼法举办葬礼，并诚心诚意祭奠，那么百姓就会仿其厚德行事，从而实现社会教化。在以儒学思想为治国理念的朝鲜时期，五礼①之一的凶礼，即王室的葬礼，被作为当时实施王道政治的途径之一。

　　朝鲜时期上至国王下至庶民，遇父母之丧都要守孝三年。服丧的三年期间，人们往往会食不知其味，乐无法入耳，无论身处何处，心灵都难得安宁。若逢国王驾崩，卒哭礼②结束后，除在祭奠宗庙或社稷的大祀上可演奏祭礼乐之外，三年间不许演奏其他任何音乐。实行这项举措，是因为国王的葬礼应该在百姓收敛心性、肃穆庄重的环境下举行。

---

① "五礼"是管理国家时奉行的五类仪礼，即吉礼、凶礼、军礼、嘉礼、宾礼。
② 卒哭礼是指人死后的第三次祭礼——三虞祭之后举行的祭奠仪式，此仪式在死者去世三个月后举行。

国王的死亡与继位者的登基

国王的即位大典不仅对其自身,对国家来说也是一大喜事。因此,我们通常认为国王的即位大典会非常华丽、盛大。当然,朝鲜时期也有过几次规模宏大的即位仪式,如太宗生前将王位传于世宗之时和朝鲜的末代国王高宗作为大韩帝国的皇帝登基之时,都曾举办过隆重的即位典礼。但除此之外,朝鲜时期国王的登基仪式丝毫谈不上华丽与盛大。

朝鲜的"国王"是一种终身职务,除非其亲自将王位传于后继者或因政变被逐下王位。所以,新国王的登基一般在前一任国王去世之后才有可能实现。事实上,朝鲜的国王大部分都是在前任国王的葬礼期间登上王位的,比起王世子诞生所带来的喜悦,新任君主的登基仪式通常是在前任国王的死亡所带来的悲痛中完成的。登基仪式是国家重要的礼仪活动,然而现存仪轨中极少见记录此类仪式的仪轨,这是因为登基仪式通常较为简约,可记载的内容不多。

国王的登基仪式在前任国王的成服礼①结束后,于安放其尸身的殡殿外举行。成服礼通常在国王死后的第六日进行,王世子及其以下的所有臣僚都要身穿一种名为"衰服"的丧服,成为新王后也只能在即位仪式举行的短暂时间内将丧服脱下,换穿冕服②。

《明成皇后国葬都监仪轨》

此仪轨记录了在 1895 年乙未事变中惨遭杀害的高宗之妃闵氏(1851~1895)于 1897 年被追封为明成皇后、移葬洪陵的过程。此仪轨的编纂始于国葬结束后的 1897 年十月二十八日,完成于 1898 年五月二十日。从红色缎面封皮与华丽的外部装饰可以看出,此仪轨为御览用仪轨。藏于首尔大学奎章阁。

---

① 成服礼是指为丧主穿上丧服。

② 国家举行礼仪活动时国王所穿的礼制服饰。

高宗皇帝的国葬队列（左）

照片为高宗皇帝的丧舆正在通过首尔"中路"街道。

高宗皇帝国葬队列中的纯宗（右）

国王的登基仪式过程如下。首先在举行仪式的场所东侧，放置被称为"遗教"的先君遗言，西侧放置"大宝"①。仪式开始后，身着冕服的新王朝殡殿方向进香，接着领议政②宣读遗教③，左议政④将大宝呈予新国王。继而行"万岁"礼，担任仪式负责人的赞仪唱"山呼"，所有参礼者皆拱手齐呼"千岁"⑤，赞仪唱"再山呼"，参礼者再次拱手齐呼"千千岁"，至此，登基仪式结束。仪式完成后，新王马上换回丧服，继续履行国葬的程序。

国葬期间举行的登基仪式上，国王大都沉浸在失去父亲或祖父的悲痛之中。文宗在其父亲世宗去世后的第六日登上王位，即位仪式上哀哭不已，眼泪浸湿了衣袖。正祖在其祖父英祖去世后的第五日登上王位，由丧服换成冕服的那一刻还在犹豫不决，接过大宝的瞬间，眼泪开始流淌，坐上御座

① 象征王权的印章。

② 相当于现在的总理。——译者注

③ 先君的遗言。

④ 朝鲜时期议政府的正一品官员。——译者注

⑤ "山呼"是"山呼万岁"的简称，有祝贺国王登基之意；"千岁"是"千秋万岁"的简称，有预祝国王长寿之意；"再山呼"是再次"山呼"之意；"千千岁"是重复唱两次"千岁"之意。

时竟放声恸哭，臣僚们见此也都流下了眼泪。如此，国王的登基仪式与其说充满喜悦，更多的则是悲痛。

国葬的程序

太上王（妃）、世子（嫔）、世孙（嫔）的过世都属于国丧，但因对象不同，仪式名称也有所不同。国王和王妃的葬礼称为"国葬"，世子和世子嫔的葬礼称为"礼葬"，皇帝的葬礼称为"御葬"。表达"死亡"的词语也因对象的不同而有所区别，《礼记》中记载，天子过世称"崩"，诸侯过世称"薨"，大夫过世称"卒"，士过世称"不禄"，庶民过世称"死"。朝鲜的国王属于诸侯级别，其离世称"薨"。《朝鲜王朝实录》中则用"上升遐"一词表示国王的离世。

国王逝世的当天成立负责执行葬礼仪式的都监，并选派官吏赴任。与国葬相关的都监有总管葬礼的"国葬都监"，负责安置、装殓尸身并准备服饰的"殡殿都监"，负责修建陵墓的"山陵都监"；而总管以上三个都监的"总护使"通常由左议政担任。

按照今天的葬礼风俗来讲，总管葬礼的执行部门是国葬都监，负责设置灵堂、接待唁客的部门是殡殿都监，负责在墓地建造陵墓的是山陵都监。此外还设置有"魂殿都监"，负责葬礼结束后将"假神主"①迎回魂殿②，并处理服丧三年间的相关事务。但是通常情况下，魂殿都监的相关事务由殡殿都监同时承担。

国葬一般按以下程序进行：设置国葬都监—成服礼—发靷—下棺—返虞—解散国葬都监。下面我们以此为序介绍朝鲜时期国王的国葬仪式。

病重的国王濒临死亡之际会留下遗言，此为"诰命"。通常情况下，国王会将诰命留给信任的贴身大臣，命他撰写王位传承的"遗教"。国王去世后，将其头朝东放躺，由内侍手持一缕棉花悬放在国王鼻口处，以确认其是否断气。确

---

① "神主"是指用木头做的逝者的牌位。国王或王妃的葬礼结束后，用桑树木制成"假神主"，奉于魂殿，用于三年服丧期内的参拜。三年之丧结束后，将奉于魂殿的"假神主"取出，埋于宗庙处，另制成新的"神主"奉于宗庙。

② 魂殿是指安放过世的国王或王妃牌位的地方。

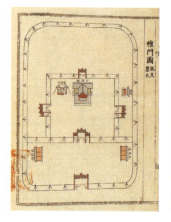

认死亡后，内侍手持国王生前所穿衣物，到宫殿屋顶上，脚踩房脊，三呼"上位复"，以此来召回国王渐已远去的魂魄。

国王去世后，王世子及其以下所有臣僚都要脱衣解冠，披发服丧，并着白色衣裳、鞋袜，禁食三日。在卒哭礼结束前，停止所有祭祀与乐奏，只有在大祀时方可演奏；在三年之丧结束前，只可举行社稷祭祀[①]。为哀悼国王的离世，民间五日内不许开市，禁止屠宰与婚嫁。

将国王的尸身沐浴后，换上"袭"，然后用衣服和被子依次包裹尸体，这两个过程分别被称为"小殓"和"大殓"。大殓结束后，将尸体放入"梓宫"[②]，安置于殡殿内。普通人的葬礼是将棺材直接置于灵堂，而国葬则要先做一副称作"攒宫"的外棺，将梓宫放置于内，共同置于殡殿。在国王死亡的第三日，须遣派使官前往社稷与宗庙，告祭国王的离世。

成服礼在大殓结束两日后举行，新王的登基仪式在成服礼结束后进行。如前所述，新王是在先君的葬礼过程中简约

---

① 祭天地以祈求国泰民安。——译者注

② 梓宫是指用胡桃楸木为国王制成的棺材。

操办登上王位的。新王在登基当日颁布即位诏书，内容大体是赞扬先王的功绩，并阐明继承王位、成为新任国王的事实。正祖曾在即位诏书中提及应礼遇其生父思悼世子的问题，并阐明即位后将实施恢复其名位的举措。

先王死后的第二个月，新国王下"哀旨"①，为其拟定庙号、陵寝号和谥号②。如正祖，庙号为正宗（正祖是高宗时才改称的庙号），陵寝号为健陵，谥号为文成武烈圣仁庄孝。同时，下令重臣编写记录国王生平的行状、册文、碑文、志文，这时所编写的文章会被收录在《朝鲜王朝实录》中各部实录的末尾部分。

接下来便进入发靷阶段。"发靷"是指将国王的棺材移离王宫，经"路祭"③后到达墓地的过程。山陵都监到达事先建好的墓地，将装有梓宫的攒宫放入丁字阁④内，再从攒宫

健陵全景（左）

正祖的健陵位于其父思悼世子的显隆园内。©
Kim sung-chul

《攒宫图》（右）

选自《正祖健陵山陵都监仪轨》。

① 哀悼先王的诏书。

② 庙号是国王死后奉于宗庙时牌位上的称号；陵寝号是指王陵的名称；谥号是指为称颂国王生前功德，在死后为其拟定的称号。

③ 路祭是指在移往墓地的途中举行的祭祀。

④ 王陵的祭殿。——译者注

《正宗大王健陵山陵都监仪轨》（左）、《神贞王后国葬都监仪轨》（中）和《明成皇后殡殿魂殿都监仪轨》（右）

国葬结束后，国葬都监、殡殿都监、山陵都监等部门分别编纂仪轨，即一次国葬后会同时编纂出国葬都监仪轨、殡殿都监仪轨和山陵都监仪轨。藏于首尔大学奎章阁。

中取出梓宫下葬，此过程被称为"下棺"。在国葬中，"下棺"是依靠事先安装好的辘轳完成的。整顿好王陵之后，举行"虞祭"①，将"假神主"迎回宫中奉于魂殿。

安置好"假神主"后，国葬都监便终止所有业务并解散。但是，国葬并没有于此结束，"假神主"仍要供奉于魂殿；三年之丧过后，国葬才算正式结束。仪式一年之后，举行"练祭礼"，将"假神主"从魂殿内移出，埋于宗庙后院，并制作、安放新神主，三年之后，将牌位供奉于宗庙内，此过程被称为"祔庙"。将国王的牌位供奉至宗庙的仪式由另设的"祔庙都监"担负。

国葬都监仪轨的内容

国葬结束后，国葬都监、殡殿都监、山陵都监要分别制作仪轨，最终，"国葬都监仪轨""殡殿都监仪轨"和"山陵都监仪轨"三种仪轨被同时制成。进呈国王的御览用仪轨是用一种叫"草注纸"的高级纸张制成的，其他仪轨则用"楮

---

① 虞祭是指埋葬完尸身后举行的安抚魂魄的祭祀。

注纸"制成。高宗三十五年（1898）五月完成的《明成皇后国葬都监仪轨》共制成七帙①，其中御览用的两帙仪轨被分别保存于奎章阁和侍讲院，其余五帙分藏于议政府、秘书院、葬礼院、鼎足山史库、五台山史库。

《正祖国葬都监仪轨》班次图中的香亭子

香亭子呈小型亭子状，是葬礼过程中运送香盒、香炉等祭具时使用的器物。

国葬都监是在总护使（左议政）的指挥下执行国葬程序、指挥国葬事务的机关，所以国葬都监仪轨中记载的是制作梓宫、辇轿、册宝②、仪仗、祭器的相关内容。殡殿都监仪轨记录的是在礼曹判书的指挥下，准备入殓衣装、居丧孝衣以及魂殿所需物品等相关内容。山陵都监仪轨记录的是在工曹判书与线工监③提调官的指挥下，建造山陵一带的土木工程、石物、丁字阁建筑以及植木等相关内容。下面我们来了解一下以上三种仪轨中最能反映国葬全貌的"国葬都监仪轨"。

国葬都监仪轨作为国葬相关的三种仪轨之一，其本身又由多个仪轨组成。这是因为国葬都监由都厅、一房、二房、三房组成，其下又分为多个分掌不同业务的部门，他们都各自制作有仪轨。

"都厅仪轨"收录着葬礼日程文件、相关责任官员名单、新王下令操办葬礼的诏书、国葬都监上呈给国王的各种报告、国葬都监与其他官署间的往来公文、册封的谥号、葬礼的程序、费用明细以及葬礼后对相关部门、人员进行的嘉奖等相关内容。"一房仪轨"中记录着"大舆"④"肩舆""腰舆"⑤等丧舆与盛有香炉的香亭子等物品的制作、调配明细。值得一提的是，在仪轨中各种物品的模样都以原色图画进行说

---

① 卷。——译者注

② 玉册和金宝。——译者注

③ 线工监是指负责土木与营缮（建造、修理房屋）事务的官署。

④ 国葬中使用的大丧舆。——译者注

⑤ 葬礼仪式后将死者的灵魂和牌位迎回魂殿的丧舆。——译者注

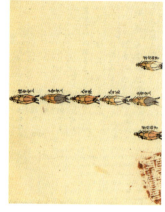

《正祖国葬都监仪轨》班次图的开头部分

明，同时还绘有展示葬礼阵列全貌的班次图。

"二房仪轨"和"三房仪轨"中分别记载着两个部门各自承担的任务、物品的制作材料和制作方法、制作工具以及参与匠人的名单等。"二房仪轨"中记录着各种仪仗、魂殿置放物品、祭器、箱子、垫子、雨具的制作等相关内容；"三房仪轨"中收录着谥册文、哀册文①、丁字阁上梁祭文、挽章②等内容。挽章是由数十名臣僚书写的文章，其作者几乎涵盖了当时政界所有核心人物。

国葬都监下面又分多个部门，它们都各自制作仪轨。"虞主所"负责制作虞祭时使用的牌位等相关物品；"表石所"负责制作陵墓旁所立碑石；"志石所"负责制作埋葬于长明灯③下的志石④。另外，"别工作"负责制造大大小小的丧舆和仪仗、保管碑石的临时建筑、放志石的箱子、桌子和烛

《正祖国葬都监仪轨》

此仪轨记录了1800年正祖葬礼的全过程。封面上的书名为《正宗大王国葬都监仪轨》，"正宗大王"即"正祖"。是年六月二十八日，正祖于昌庆宫迎春轩中去世，死亡当天即设置了国葬都监，七月三日殡殿布置停当。藏于首尔大学奎章阁。

---

① 谥册文是指赞颂国王或王妃生前功德的文章；哀册文是指为哀悼国王或王妃离世所做的文章。

② 挽章是指哀悼死者的文章，也可以指将哀悼文抄于纸或布上制成的旗帜，在葬礼阵列中紧随丧舆之后，葬礼仪式结束后由殡殿保管。

③ 长明灯是指在墓区和陵区为驱走邪气而点燃的不灭灯。朝鲜时期，一品以上的宰相才可以在墓区立长明灯，所以长明灯也是墓主身份的象征。

④ 墓碑的一种。——译者注

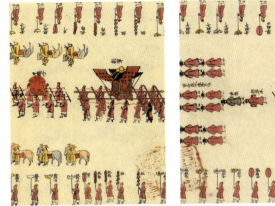

台；"分长兴库"负责制作垫子和雨具；"分典设司"负责制作遮阳棚和将四周围起的帷帐。仪轨中记载着这些部门的物品制作情况以及相关文书、所需耗材、参与匠人的名单等。

班次图中的国葬阵列

国王的葬礼是严肃而庄重的。王位继承人根据先王遗言确立，其施政也以继承先王遗业为重要依据，所以新王与臣僚们无不尽心尽力操办葬礼。

葬礼比其他礼仪活动程序更为繁琐、耗时更长，必须慎重对待，按照礼制正确执行。所以新国王登基之后到三年丧期结束之前，必须投入相当的国力和精力来操办国葬。

国葬阵列的班次图在发靷前十日绘制完成，并加以核对，最终确定下来。葬礼庄严肃穆，所以参与人员多事先通过班次图演习以熟知自己在阵列中的位置。

1800 年正祖的国葬班次图共计 40 页，绘有 1440 人。此班次图的规模虽然不及 1795 年正祖陪同惠庆宫出巡华城时的规模（绘有 1779 人），但也属于参与人数众多的重大礼仪活动。另外，1897 年明成皇后国葬班次图共计 78 页、绘有

班次图中放置玉印、银印、谥册的轿子与方相氏队列

2035 人，这是高宗作为皇帝登基后的皇室礼仪活动，所以规模较前更为盛大。

现在我们来看一下正祖的国葬阵列。京畿监司行走在阵列最前端，引导着队列前行，由于墓地在华城的花山下，所以由分管京畿地区的监司担任先导。京畿监司后面，礼曹、户曹、大司谏、大司献、兵曹等国葬执行机关的高层负责人身着丧服尾随。也就是说，国葬都监执行部门行进在阵列最前端。执行部门之后跟随着先厢军 400 人，他们都身着战服，手持长枪，行走在队列前方，尽显阵列之威严。

其后跟随的是仪仗队。黄龙旗、朱雀旗、天下太平旗

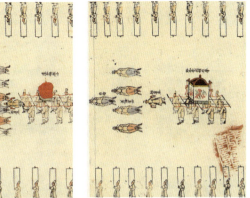

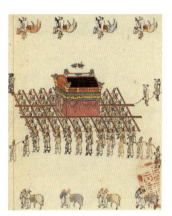

列于阵列中央，其他各种旗帜列于两边。手持大角、中角、小角①的乐队从队列旁经过，他们虽手持乐器，但并不演奏。三年之丧结束之前，除大祀外，不允许奏乐。仪仗队后面安排有银罐、银盂等祭器，阳伞和各种仪仗物列于队列两边。此处虽有叫作"前部鼓吹"的乐队班列，但"陈而不作"。

其后是载有先王各种"册""宝""印"的轿辇。队列中每辆载有先王玉印、银印、谥册、谥宝②的轿辇后都有相关

班次图中的竹散马、竹鞍马、肩舆

---

① 三者均为喇叭类的管乐器。

② 玉印和银印是指刻有尊号的玉图章和银图章；谥册是指刻有谥号的书册。"宝"比"印"的等级规格高。

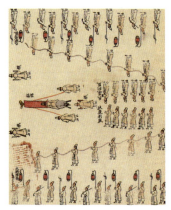

责任官吏和国葬都监官吏各 1 名尾随。

　　继而进入到阵列的中央部分。前部是载有香炉的轿辇和各种仪仗、乐队；红色阳伞之后缓缓行进的是由 12 名侍卫别监引领的、燃烧着三色烛火的神辇，葬礼结束后，载于神辇的牌位又会重新回到宫中；其后跟随着载有各种祭器和葬礼用具的多辆彩色轿辇——在这里，由四人组成的方相氏尤其引人注目，他们的作用是驱疫避邪。方相氏之后是数十个挽章和载有"竹散马"①"竹鞍马"②等仪仗物品的车辇。

　　行进在阵列中心部位的首先是肩舆，我们推断，肩舆是为了将 140 多人共同抬着的装有国王尸体的梓宫抬上、卸下大舆或通过狭窄路段时使用的。肩舆后面行进的是装有香炉的香亭子和写有国王名字的铭旌，再其后就是大舆。大舆是载有国王尸体的轿辇，比肩舆规模更大，位于阵列的最中心部位。大舆的两旁有 24 名军士手持燃烧着的烛火，其外围

---

① 竹散马是一种在国王和王妃的葬礼上使用的纸马祭具。制作时先用厚木板做成井字形框架，在框架的四角处打孔，做出马蹄并将其固定在上面；再制作马腿和身躯，用纸糊好，漆上灰色；用真的马鬃毛制作纸马的鬃毛和尾巴，并添加可以转动的纸马眼珠。制作完成后，将其立在两轮车子上。

② 竹鞍马是一种在国王和王妃的葬礼上使用的纸马祭具。制作方法与竹散马相同，但数量为四匹，两匹红色，两匹白色，全都配有马鞍。

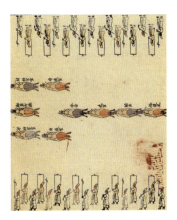

有护卫队簇拥，前方有 12 名别监护卫。大舆后面紧跟的是国葬都监的各级官吏和中央官厅的官吏以及挽章队列。其后是担任哭丧的 10 名宫女，她们用面纱遮住脸庞。队列周围布置的帷帐让行人难以窥探其内。

　　行进在阵列后半部的是文臣和武臣队列，武臣中的高层官员和负责葬礼的郎官级官吏行进在文武大臣队列中间。行走在阵列最后方的是与阵列前方先厢军遥相呼应的后厢军，后厢军成员也都身着战服、手持长枪，展现出阵列的威严。

驱疫避邪的方相氏面具

　　方相氏是驱疫避邪的神灵，用于国王出巡或迎接外国使臣等宫中礼仪活动。国葬时，头戴方相氏面具的人坐于车上，行进在阵列的前方，一路上为国葬阵列驱除疫鬼；到达墓地后，驱除圹中恶灵。

　　国葬中使用的方相氏面具通常由木头和纸张制成，葬礼结束后将面具埋于圹中或焚毁。

高宗皇帝国葬队列中的
方相氏面具

第四章

《朝鲜王朝实录》编纂及保管的记录

—— 实录厅仪轨

朝鲜王朝实录与仪轨是最能反映朝鲜时期记录文化之精髓的宝贵资料。我们可以通过记录《朝鲜王朝实录》编纂过程的实录厅仪轨和修正实录厅仪轨等了解实录编纂的具体过程。

通过了解朝鲜后期历代国王实录的编纂过程，我们发现有《宣祖大王实录修正厅仪轨》《显宗大王实录改修厅仪轨》《景宗大王修正实录仪轨》等修正类仪轨。被称为世界级文化记录遗产的实录是怎样被编纂、保存和管理的？修正类仪轨缘何出现？让我们通过实录厅仪轨去《朝鲜王朝实录》的制作现场一探究竟吧！

实录的编纂与保管

《朝鲜王朝实录》以历代君主的生平行绩为主线记录朝鲜王朝历史，是从朝鲜第一代君主太祖开始到第二十五代君主哲宗为止的 472 年间（1392~1863）以编年体形式记录

《世宗实录》

《世宗实录》刊行于端宗二年（1454），在此之前的实录均为手抄本，从《世宗实录》起出现印刷本，印刷后封上蜜蜡以防虫、防湿。藏于首尔大学奎章阁。

的国家级官方文件，全套共计 1707 卷、1188 本（鼎足山藏本）。其内容涵盖了朝鲜时期的政治、外交、经济、军事、法律、思想、生活等各个方面。

实录采取在前任国王去世后，由继位新君下旨组织编纂前朝实录的方式制成。国王去世后，成立临时实录厅，由领议政以下的政府主要官吏担任实录厅的领事、监事、修撰官、编修官、记事官等职务，公正客观地编纂实录。实录厅成立后，大范围搜集史草①、时政记等资料以供编纂所需。春秋馆将首尔与地方各官厅之间公务往来的文书中的重要内容记录下来，称之为"时政记"。时政记每年编纂成书，献于国王；每三年印刷一次，交由相关官厅、议政府、史库等处保管。

朝鲜前期，实录主要保管在春秋馆和忠州②、全州③、星

---

① 朝鲜时期史官随时记录的史事的草稿。——译者注
② 忠清北道忠州市。——译者注
③ 全罗北道全州市。——译者注

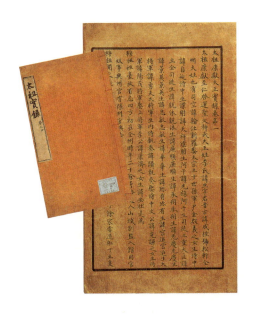

《太祖实录》

《太祖实录》编写于太宗十三年（1413），是朝鲜时期最早的实录，记述了朝鲜的开国始祖李成桂在位六年的政绩。此实录在世宗朝时进行了一次改修。藏于首尔大学奎章阁。

州①等地的地方行政中心。保管于地方行政中心的实录由于火灾、抢掠等天灾人祸，经常会面临遗失的危险。这一点虽早已被指出，但久无解决之策。经历壬辰倭乱之后，除全州史库的实录外，其余所有史库的实录均被烧毁。出现如此巨大的变故，朝廷中有人强烈建议将史库移往险峻山地，以便妥善保管史书。基于此，朝鲜后期在鼎足山（江华）、太白山（奉化）、五台山（江陵）、赤裳山（茂朱）等地建造史库，将实录移于几处保管。

后来，五台山的实录藏本在日帝强占期流于日本，关东大地震时大部分被烧毁；赤裳山的实录藏本先流转于藏书阁，现藏于朝鲜；鼎足山和太白山的实录藏本起初分别流转于京城帝国大学图书馆和首尔大学图书馆，如今，鼎足山藏本存于奎章阁，太白山藏本存于韩国国家记录院。其中，鼎足山实录藏本是经历壬辰倭乱后唯一保存下来的原全州史库藏本，较好地展现了朝鲜前期编纂的实录的原貌，具有相当

---

① 庆尚北道星州郡。——译者注

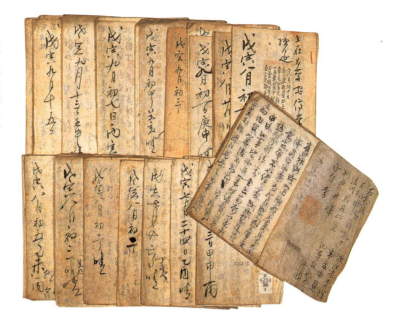

高的史料价值。《朝鲜王朝实录》自 1997 年 10 月 1 日起被
联合国教科文组织认定为世界记录遗产，其价值得到了世界
的肯定。

史官和史草

朝鲜时期承担记录历史任务的官员被称为"史官"。狭
义的史官是指艺文馆的全体官员，即奉教 2 名、待教 2 名、
检阅 4 名，他们被称为"翰林"。翰林八员从春秋馆的记事
官做起，成为史官后承担入侍、值夜、拟史草、编时政记、
编纂实录、曝晒①等工作。对他们来说，最重要的是了解国
王的行程，参与国家会议，并将会议内容无一遗漏地以史草
的形式记录下来。

---

① 曝晒是指为妥善保管实录，防止虫害和湿气，将实录定期进行风干。这项工
作大概每三年进行一次。

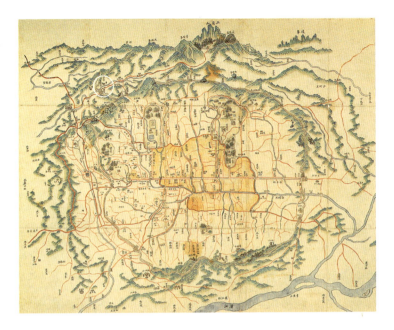

　　史草可大致分为入侍史草和家藏史草。入侍史草是指艺文馆的专任史官入朝奉侍，在议政场所记录下的史草；家藏史草是指史官退宫后，在家中重新整理其所见所闻，收录了许多人物评价后形成的记录。实录上用"史臣曰"标记的部分大都取自家藏史草。家藏史草起初由个人保管于家中，后来纳入实录厅统一保存，在编纂实录时使用。1987年迁葬仁祖时期的史官郑泰齐时，曾发现过几卷书和他记录的家藏史草。

　　史草包括史官参与国家大小会议所记录的见闻以及自己的评论，其内容不仅反映了当时的历史事实，也反映了史官对某一历史事件或历史现象的认识。另外，除史官之外，包括国王在内的任何人都不得随意翻阅史草。这一举措保障了史官身份的安全，同时也确保了史料的公正性与客观性。

　　史草的制定分为三个阶段，最初由史官制成"初草"，经过校对、整理后再制成"中草"，最终收录在实录里的被称为"正草"。书写初草、中草的纸张经过浸洗，褪其内容，

据推测，洗剑亭建于1748年，此图为当时已年过七十的郑敾所绘。洗剑亭的秀丽风光铺满了扇面，虽然现在我们看不到扇面上的风景，但荡春台周边依然矗立着小亭子，流淌着石涧水。郑敾（1676~1759），18世纪，纸本淡彩，23cm×62.4cm，藏于韩国国立中央博物馆。

可以再次得到利用，这一过程被称为"洗草"。朝鲜时期，"洗草"的主要场所是洗剑亭①附近的小溪流。浸洗后的纸张在被称为"遮日岩"的宽敞岩石上晾晒，晾好后在造纸署被重新制成可以再次使用的新纸张。洗草结束后举行的庆祝活动称为"洗草宴"。朝鲜时期的地图中清晰地展示了当时用于洗草的溪流和造纸署的样貌。

编纂实录的过程

1. 成立实录厅

实录厅由道厅和3~6房组成。总负责人是总裁官，道厅和房中分别设有堂上官②和郎厅③等职位。

2. 制成初草

各房归整时政记和史草，制成初草。

---

① 现位于首尔市中路区新营洞。——译者注

② 朝鲜时期，正一品至正三品堂上称为"堂上官"；正三品堂下至正七品称为"堂下官"或"参上官"。——译者注

③ 郎厅又称郎官，属于官衙的堂下官，其职位或为官衙的正式编制，或由其他部门人员充任。明宗十年（1555）备边司成为正一品衙门后，下设由十二人组成的郎厅（部门），自此"郎厅"成为正式的官职名。——译者注

3. 制成中草

道厅根据制成的初草，经过追加、删减等修订过程，制成中草。

4. 制成正草

总裁官和道厅堂上官会合，共同修订中草，制成正草本并提交印刷。

5. 存放实录

制作完成的实录，一套保存在春秋馆，其余四套由地方史库分别保管。

6. 洗草与洗草宴

史草、时政记等经过浸洗后，其纸张得到再次利用。在遮日岩周围举办洗草宴，奖励参与实录编纂的有功之臣。

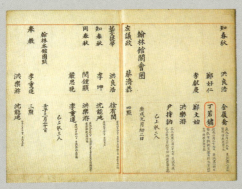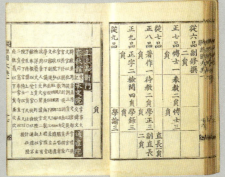

《翰林馆阁会圈》（左）

　　《翰林馆阁会圈》是一本名单，记录着被选为艺文馆"检阅"的人员。"检阅"作为"翰林八员"中级别最低的官吏，通过艺文馆的初选后，还要经过数道选拔才能最终确定。从上图名单中可以看出，丁若镛于正祖十四年（1790）被选为"检阅"。

《经国大典》中的《春秋馆条例》（右）

　　春秋馆最高级别的官吏为正三品，通常由其他机构的文官兼任，负责编写时政记。时政记是日后编写实录的基本资料。

赵文命画像

赵文命（1680~1732），
英祖朝的学者、政治家，是
英祖荡平策的有力执行者。
ⓒ You nam hae

肃宗到英祖年间的学者赵文命因参与编写《肃宗实录》
参加了当时的洗草宴，仪式过后，写下如下诗作，表达了自
己的感慨。

> 寸管那能尽画天，
> 于修盛德百王前。
> 十年始讫编芸役，
> 暇日初开洗草筵。
> 晚后溪炊当美馔，
> 雨余山水胜鸣弦。
> 旧时簪笔今如梦，
> 手阅成书更泫然。
>
> ——赵文命，《鹤岩集》卷2《洗草筵》

实录厅仪轨的内容

实录厅仪轨中记载着编纂实录的具体过程和与编纂事务
有关的其他内容。下面我们通过孝宗八年（1657）编纂的
《宣祖实录修正厅仪轨》来了解一下大致情况。

《宣祖实录修正厅仪轨》的前半部分收录有仁祖反正①之
后最先主张修改《宣祖实录》的李睟光②、任叔英③的启辞和

---

① 仁祖反正是发生于朝鲜王朝光海君执政时期癸亥年（1623）三月十二日的一
场宫廷政变。这场政变由西人党主导，最终光海君被废黜，绫阳君被拥立为
王，是为朝鲜仁祖。——译者注
② 李睟光（1563~1628），曾作为奏请使（朝鲜时期特别派往中国的使臣）来往
于中朝两国间，并从中国带回利玛窦的著作《天主实义》，传播西洋事情与
天主教精神，著成《芝峰类说》，被称为朝鲜实学派的先驱。仁祖反正后被
任命为都承旨，兼任弘文提学。
③ 任叔英（1576~1623），在杀害永昌大君等人的癸丑狱事后，以腿疾为由奏请
退出朝堂，隐居于广州（现位于京畿道中央的郡级行政单位。——译者注），
仁祖反正后复职。

李职①的疏札（上奏文）以及总裁官以下责任官员的名单，其后是相当于业务指南的"纂修厅单子"，通过"纂修厅单子"我们可以了解到实录厅的工作性质与业务范围。

"纂修厅单子"中记载的实录厅工作细则

- 承担修正工作的场所设于南别宫，称为"实录修正厅"。
- 借阅保管于承政院的宣祖时期的注书日记，以备参考。
- 协调相关部门准备史草修正时所需的笔墨纸砚以及其他杂物。
- 协调相关部门准备堂上官与郎厅的印章。
- 除与自身工作相关的会议外，堂上官与郎厅可不参加其他公事会议。
- 史官一名依据旧例待命。
- 胥吏、书写、库直、使令的俸禄由户曹和兵曹发放。
- 协调相关部门安排守直军士和茶母②。
- 对疏于职守的官员可授予粉牌（堂下官的牌子）加以惩戒；对散漫懈怠的下人可施以笞杖。
- 未尽事宜事后定夺。

注明工作细则的"纂修厅单子"之后主要附有孝宗时期实录修正厅呈交的与工作相关的启辞，启辞中记录着实录修正厅所属官员的任免与调离、赤裳山文库中实录誊录时出现的问题、印刷和保管实录过程中出现的问题以及与之相关的讨论等内容。

紧随其后在《实录修正厅仪轨》中收录的是"移文秩"和"甘结秩"，二者汇

---

① 李职（1584~1647），朝鲜时期著名学者，被誉为"汉文四大家"之一。在永昌大君的生母仁穆大妃被废后解甲归田，仁祖反正后复职，后因批判时政获罪遭贬谪。

② 朝鲜时期在官衙中烧水备茶、负责接待的侍应。

集了为确保工作顺利开展由实录修正厅发往相关各部的信件。其内容包括：向地方观察使求调修正实录时所需的资料；借调官员用以在史库中誊抄实录；借调修正、印刷实录时需要的匠人以及守直军士和杂物配给等。《仪轨》的末尾记录着修正工作结束之际修正厅所属官员的名单、孝宗给予责任人员嘉奖、举行洗草宴的文书、孝宗的备忘记①等内容。

编纂工作完成后，将实录保存于春秋馆与各史库的"奉安仪式"被作为一项国家举措严格执行。后世制作的《宪宗大王实录厅仪轨》和《哲宗大王实录厅仪轨》中详细记载了奉安仪式——即保存实录的全过程。奉安仪式与实录编纂一样得到如此重视，很可能是因为统治者想传承一种将实录永世保存下去的精神。

朝鲜后期的史库大都位于地方的险峻山岭中，非常不方便官员阅览。但是，朝鲜时期的人们面对不知何时会到来的灾难，为安全保管实录，仍甘愿承受这种不便。

实录的奉安仪式大致分为两种，一种是中央史库春秋馆的"奉安式"，一种是地方史库的"奉安式"。下面我们先来了解一下春秋馆的奉安仪式。春秋馆举行奉安仪式的当天，实录纂修厅的总裁官、堂上官、道厅、郎厅以及春秋馆的堂上官均身着黑团领官服②，在实录厅聚集一堂，将装有实录的柜子放入彩舆，盖上红色粗布；然后将初草、中草、初见本③、中见本④置于搁板上，亦用红色粗布覆盖，再用红线捆扎起来。乐队陈而不作。上马队和引路军在前方引导，仪仗、香亭子、乐队依次行进于后，继而是御览附录彩舆⑤和忠赞卫⑥2名，实录彩舆和忠赞卫2名。粉板郎厅⑦、校雠郎厅⑧以及春秋馆堂上官、总裁官、主管堂上官、校正校雠堂上官⑨、

---

① 备忘记是国王将教命转达给承旨（朝鲜时期承政院正三品堂上官，负责国王的圣旨。——译者注）的文书。

② 黑团领官服是指衣领用黑色缎子制成的官服。堂上官的团领用带有花纹的缎子制成，堂下官的团领没有花纹。

③ 实录的初样。——译者注

④ 修正初样后的版本。——译者注

⑤ 御览附录记录着先王的平生行绩，现任国王虽不能直接阅览先王的实录，但可以阅览专门为其准备的御览附录。御览附录彩舆正是装载御览附录的纹状轿辇。

⑥ 属五卫之一，由功臣元老及其子孙组成的部队。

⑦ 粉板郎厅是指负责粉板的郎厅。粉板是将粉和油调匀制成木板，用于实录的制作。

⑧ 校雠郎厅是指负责校雠的郎厅。校雠是指两人相对而坐，对照检验，纠正错误的工作。

⑨ 负责校雠的堂上官。

道厅、郎厅等整齐列队至仁政门①外；总裁官以下的所有堂上官、道厅则依次列队于春秋馆东院，准备向史库行礼。赞仪唱"四拜"，总裁官以下所有官员行四拜礼。行礼结束后，在忠赞卫的帮助下将装有实录的柜子临时奉于春秋馆大厅内，总裁官以下所有官员入厅，再由春秋馆官员打开史库，将实录放入史库封存，此时，总裁官以下所有官员退厅。将实录奉安于春秋馆后的第二日，在议政府举办御赐的酒宴。

举行地方史库的奉安仪式时，中央会派遣奉安事和几名从事官前往。从事官由测算奉安仪式举行日期的观象监官员、书吏②、库直③、营吏④、马头⑤、礼房⑥等行政仆役和驾马赶车的仆役组成。到达史库后，奉安事身着黑团领官服，与春秋馆的奉安仪式一样，在执事官的帮助下行四拜礼，封存实录。此外，也有将既存史库的实录移往别处封存的情况。仁祖时期，因担心后金侵略，曾将妙香山史库的实录移往茂朱的赤裳山保管，这一过程被称为"移安"。

如此，实录厅仪轨中具体记载了编纂实录时的参与人员及其工作范围、褒奖情况、官衙间的往来文书、奉安仪式等内容，即记录着在实录完成之前所有为之努力过的人们的身影。《朝鲜王朝实录》作为世界级记录遗产，展示了朝鲜时期记录文化的精髓，而实录厅仪轨正是记录这项世界级遗产的另一种文化记录。

实录的管理与检查——　一丝不苟

能够凸显《朝鲜王朝实录》价值的资料除实录厅仪轨外，还有"实录形止案"。实录形止案记录了实录的保管与曝晒、实录的考出（需要典据时提供的阅览）、开启史库的原因（例如维修实录阁等必要情况）以及当时书籍的状态等，是一种相当于藏书检查记录簿的卷宗。实录形止案中记载着史库打开的时间、各史库各书柜

---

① 仁政门是昌德宫正殿——仁政殿大门的正门。

② 隶属中央官衙，负责文书与管理的下级官吏。——译者注

③ 看守官衙仓库的人员。——译者注

④ 监营（道的官衙）、军营、水营（水军部队军营）的衙前小吏。——译者注

⑤ 负责管理各驿站马匹的人员。——译者注

⑥ 承政院六房之一"礼房"的官吏，负责与典礼有关的事务。——译者注

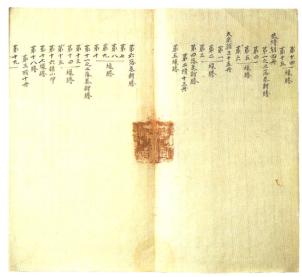

《史阁修改时形止案》

此书记录了正祖元年（1777）十月江华岛鼎足山城史阁改建的始末。藏于首尔大学奎章阁。

所保管书籍的种类与数量、派遣史官与行政人员的名单等。1601年九月十一日编写的《妙香山史库曝晒形止案》中出现了从第1柜的《太祖实录》15卷、《定宗实录》6卷到第45柜的《明宗实录》9卷的相关记载。根据不同大小，每一柜中存放了约7~30本不等的书籍。通过实录形止案，我们可以了解到朝鲜时期对存放于各史库的实录是如何坚持不懈、一丝不苟地进行检查与管理的。

史库中的实录非常贵重，除中央派遣的史官外，任何人不得私自打开史库。史官们通常也认为奉王命前往位于险峻山岭间的史库是一件无上光荣的事情。

定期的曝晒工作很好地反映了当时对实录进行的严格管理。曝晒是将书籍风干，去除湿气，防止腐蚀与虫害的一项工作。为长久保存书籍，通常三年 ① 进行一次曝晒。曝晒工作通常选在春秋季节的晴朗吉日里进行，由春秋馆派遣官员前往执行。

---

① 与每三年一次的科举考试一样，于辰、戌、丑、未年进行。

保管实录的柜子

　　实录是放入柜中保管的。从现存奎章阁保管实录的柜子来看，柜子是用梧桐木、椴木、槐木、松木等材质结实的轻木材制成。

　　同实录一起放入柜中的还有红色包袱、油纸、川芎、菖蒲、草注纸①等物品。将具有防腐、防虫效果的川芎和菖蒲用红色包袱裹住，放入柜中以防虫害；为防止湿气，再盖上一层油纸。书与书之间往往夹入两页草注纸，为保管妥善，有时还会夹入红色棉布和白色麻布。

太白山史库室内

　　此图选自《朝鲜古迹图谱》，从中我们可以看到保管实录的柜子，了解当时实录的保存情况。

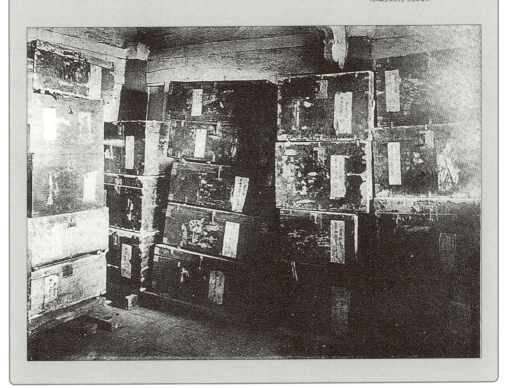

---

　　①　用楮树制成的纸张。——译者注

《实录曝晒形止案》

此书记录了宣祖三十九年（1606）至显宗七年（1666）太白山史库的实录曝晒日期、承担此项任务的春秋馆官吏姓名与职务等与实录曝晒工作相关的内容。藏于首尔大学奎章阁。

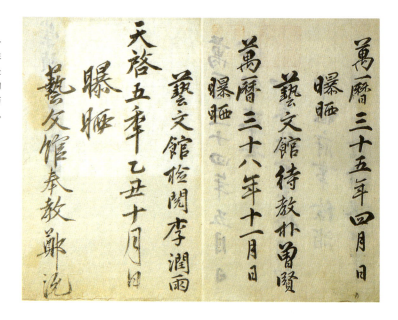

朝鲜后期的学者、文臣申靖夏于肃宗三十五年（1709）被任命为太白山史库的曝晒官。他以游记和诗文的形式记录了当时的情景，其《太白纪游》和诗作《曝史》很好地反映了当时进行曝晒工作的情景以及赴任史官的心情。

> 阁以墙砌之。墙东有屋，即莲仙台，乃曝晒时史官所居。至史阁时，行礼凡四。其后开锁，细观之。常择清明之日，曝晒三日。其时，曝晒史册凡三十六箱。晒后，复将书册放入实录柜，抬至史阁二层，如前封印。
>
> ——申靖夏，《恕菴集》卷11《太白纪游》

> 我来衔丹诏，
> 驲骑横秋风。
> 再拜手启铃，

曝之莲台畔。

金箱三十六，

白日当天半。

过风时与披，

度鸟忽遗影。

时于简编中，

是非独自领。

——申靖夏，《恕菴集》卷 3《曝史》

从以上记录可以看出，史官到达史库后行四拜礼，待史库门打开之后，将保存于书柜中的实录取出，曝晒三日；曝晒工作结束后，将实录重新放入柜内封存；史官在临时居所内监督曝晒全过程。莲仙台是太白山史库的史官临时居住地。

无论遭遇何种困难，史官们都牢记要一丝不苟地存放、管理国家记录，地方官员也会尽心尽力地款待中央派遣的史官。从当时的社会氛围来看，实录的保管对所有人而言都是一件重大的事情。

下文是申靖夏祝贺翰林宋成明去五台山史库担任曝晒工作的信件。信中提到，作为史官，要想担任曝晒工作，得到其带来的荣誉，并不是一件容易的事。

晒史清福也，而人有遇不遇之缘焉。夫抽金匮石室之藏而骋奇诡诙谲之观，以之网罗旧闻，窥寐仙灵者，必以有缘而能焉。前辈之入翰苑者，远则十年，近则三五年，而有不得一至者。观于所谓石室题名录者而可见也，故仕而不至翰林则不能，仕而至翰林而不能以久则不能，能此数者而不幸善病，畏道途鞍马之勤则不能焉，盖以无缘而不能者，有此三者也。

——申靖夏，《恕菴集》卷10《送宋翰林圣集晒史五台序》

现在，奎章阁中保存着350多卷实录形止案，其中与定期检查、晾晒书籍的曝晒工作相关的卷册居多。通过实录形止案，我们了解到朝鲜时期对书籍一丝不苟的管理，其详尽的记载也让我们再次领略到朝鲜王朝记录文化的风采。

为什么修正实录

《朝鲜王朝实录》的编纂过程中颇有意思的一点是，有些实录是经过修正后流传于世的。此类实录共有四种，一是《宣祖实录》和《宣祖修正实录》，二是《显宗实录》和《显宗改修实录》，三是《景宗实录》和《景宗修正实录》，四是《肃宗实录》。《肃宗实录》虽然没有单独的修正版本，但其末尾部分附有《肃宗实录补阙正误》，从中可以看出现存的《肃宗实录》是经过修正和补充的。那么，为什么会存在修正版的实录呢？

朝鲜中期以后朋党政治的加剧是导致修正版实录出现的最主要原因。实录是对先王言行的记载，由现任国王的执政团队编纂。朋党政治的加剧使得发生政党权力交替、新任执政党派对前任编写的实录内容心生不满时，便会重新编纂修正版实录。

修正版实录的编纂始于仁祖时期。西人党[①]发动政变并取得成功，拥立仁祖登上王位，成为仁祖时期的执政党。被西人党打倒的是光海君时期的执政党派——北人党，《宣祖实录》正是由北人党主导编写的。西人党非常不满《宣祖实录》，因此经筵时，特进官李睟光和知经筵事李廷龟等建议对光海君时期的《时政记》进行修正。

---

① 西人党是朝鲜宣祖时期"东西分党"而产生的朋党。以仁顺王后之弟沈义谦为中心的既成士类称为"西人"，以金孝元为中心的新进士类称为"东人"。——译者注

《宣祖实录》与《宣祖修正实录》

《宣祖实录》是由光海君时期执掌政权的奇自献、李尔瞻等北人党编写的,而《宣祖修正实录》则是 1623年仁祖反正后由西人党编写的。藏于首尔大学奎章阁。

但是,销毁既存实录、另起炉灶编写新实录在此前是没有先例的,这样做会招致非议,被看作是为维护自身政治立场而实施的政治举措。因此仁祖决定保留既存的《宣祖实录》,在此基础上对其内容加以修改和补充,制成《宣祖修正实录》,将此两种实录共同流传于世。西人党的这一做法意在使后世通过对两种实录的比较,认可其政治的正统性。

西人党于 1623 年仁祖反正取得政权后,立刻提出编纂前王实录《光海君日记》和改写《宣祖实录》的建议,并着手组织人员实施。但适逢 1627 年丁卯之役①与 1636 年丙子之役等战乱发生,孝宗登上王位后,《仁祖实录》的编写成为国家当务之急,《宣祖修正实录》的修订只能搁置推后。《仁祖实录》编写完成后,在西人党的主持下,《宣祖实录》的修正工作得以继续,并最终于孝宗八年(1657)完成。从1623 年仁祖反正成功后西人党提议修订实录开始,到 1657年修正版实录的完成,竟经历了 34 年的历程。

---

① 明天启七年(1627)一月至四月,明朝与后金在朝鲜境内进行的一场战役,韩国方面称之为"丁卯胡乱"。——译者注

《景宗实录》（左）与《景宗修正实录》（右）

《景宗实录》是英祖朝初期执掌政权的少论派编写的，正祖二年（1778）老论派掌权，因对《景宗实录》内容不满，遂编写了《景宗修正实录》。藏于首尔大学奎章阁。

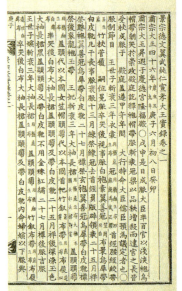
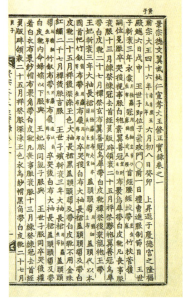

　　那么，西人党为何如此执着于《宣祖实录》的改写呢？最重要的原因是对反对党——北人党所秉持的政治立场和所做的人物评价心怀不满。由北人党主导编写的《宣祖实录》对己方的立场及行为大加肯定，而对西人党成员却持消极否定的态度。西人党的学问领袖李珥死后，《宣祖实录》对这位活跃于当代的哲学家、政治家的离世只简单记录了"李珥卒"三字，此外再无任何记述；而西人党编写的《宣祖修正实录》中对李珥的离世日期、品行、学术成就、教谕以及师生关系等都有详细的描述。对郑澈的记录也是如此，《宣祖实录》中对其品德及行迹均持否定态度，而《宣祖修正实录》中却给予他肯定的评价。两种实录在人物评价方面往往持截然相反的态度。

　　编纂修正版实录始于仁祖时期，历经显宗、肃宗、景宗，一直持续到英祖时期。《显宗实录》是肃宗三年（1677）在以许积、权大运为核心的南人党的主导下完成的。但1680

年庚申换局 ① 之后，执掌政权的西人党着手对集中反映南人党政治立场的《显宗实录》进行改修，最终于 1683 年完成《显宗改修实录》。

---

① 肃宗六年（1680），由于在南人党领袖领议政许积的祖父许潜的谥号受封宴上发生的油幄（王室使用的油篷帐）事件和许积的儿子许坚发动的谋反事件，南人党被逐出政治舞台。

第五章

反映王朝统治秩序的祭祀记录
—— 宗庙仪轨、社稷署仪轨

天乃万物之根本，地孕万物以养人，人的生命来源于祖先。所以，人类以祭祀天、地、祖先的方式来寻本溯源，报本反始。

朝鲜时期，为实现性理学中的理想社会，国家以礼法治国，构成国家礼制的主要有"五礼"。五礼中国家的祭祀属于吉礼，社稷和宗庙的祭礼则是吉礼中最重要的部分，即大祀。社稷和宗庙的祭祀是朝鲜王朝将农业作为主产业、将全州李氏作为王室宗族的象征性祭礼。对朝鲜国王来说，"宗庙社稷"四个字就意味着国家和王室，即使国王因战乱外出避难，也必定带着宗庙和社稷的牌位，使祭祀得以延续。因为宗庙和社稷祭祀的中断就意味着国家的灭亡。

宗庙的沿革

宗庙是供奉朝鲜时期历代国王和王妃牌位的祠堂，现位

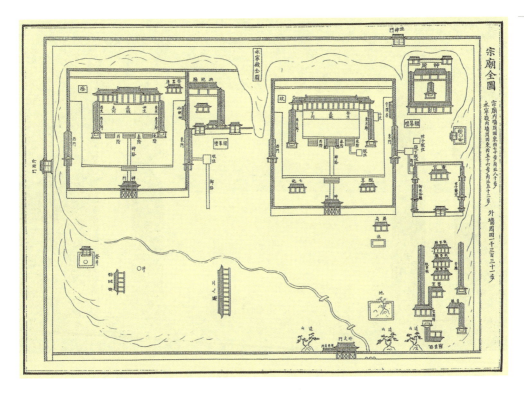

于首尔市钟路区勋井洞。宗庙的建筑由宗庙本庙①的正殿和位于别庙的永宁殿组成。本庙正殿供奉着当朝国王的四代祖先以及开国、兴国的有功国王，永宁殿则供奉着从本庙正殿迁移过来的牌位。

　　韩国的宗庙初见于三国时代。据记载，新罗的南解次次雄②于公元6年建造了始祖庙，儒理尼师今③在此举办过祭礼；高句丽建造了东明王庙④；百济则建造了东明王与国母庙。高丽时期，宗庙制度得以完善，开始实施五庙制⑤。

《宗庙全图》

　　位于图右半部分中间位置的是正殿，位于左半部分的宫殿是永宁殿。选自《宗庙仪轨》。

---

①　正别于别庙的主要庙堂。——译者注
②　新罗第二代君主。——译者注
③　新罗第三代君主。——译者注
④　祭祀高句丽的建国始祖东明王朱蒙的祠堂。——译者注
⑤　五庙指太祖之庙以及在位国王以上四代祖先之庙。——译者注

从南门望去的永宁殿

永宁殿是世宗三年
（1421）将定宗的神主移往
宗庙时所建的别庙。正中央
四间房的正殿中，供奉着追
尊的四代国王和王妃的神
主，偏殿中则供奉着因无处
容纳而从正殿移出的神主。
© Kim sung-chul

　　建国初期的朝鲜王朝曾在位于开京的高丽王朝宗庙的位
置上建造自己的宗庙；1395 年朝鲜王朝从开城迁都首尔后，
开始于现位置上建造宗庙。朝鲜太祖在首尔建都时，首先建
造的便是宗庙、社稷和宫殿，这充分证明了宗庙和社稷在朝
鲜王朝的分量和地位。

　　朝鲜时期，国王和王妃死后要举行国葬，国葬结束后，
制成虞主即"假神主"供奉在魂殿内。一年以后，埋葬假神
主，制成新的神主（牌位）奉于魂殿。三年以后，择吉日将
供奉在魂殿内的新神主移往宗庙供奉，此称"附庙"。宗庙
内供奉着现任国王以上的四代神主。五世亲尽[①]后，将神主
移往永宁殿供奉，此称"祧迁"。但生前功高德厚的国王的
神主属于"不迁位"，即永远不迁往永宁殿，万世供奉于本

---

① 即与现任国王的关系超过五世。

庙正殿。

据《礼记》记载，诸侯国级别的朝鲜可立五庙。太祖和其四代祖先穆祖、翼祖、陶祖、桓祖合称五庙，太宗十年（1410）将其牌位供奉于宗庙正殿时的情景如下所示。[①]

本庙（正殿）				
穆祖	陶祖	太祖	翼祖	桓祖
第一昭	第二昭	始祖	第一穆	第二穆

起初，太祖薨后，宗庙没有别庙，但是随着时间的推移，后世国王的牌位不断增加，建立别庙成为当务之急。太宗薨后，世宗开始建造别庙，将太祖的四代先祖供奉于内，本庙

---

① 昭穆是宗法制度中对宗庙或墓地的辈次排列。位于左方者称之为"昭"，位于右方者称之为"穆"。

此图为首尔地区图，选
自18世纪中期绘制的《舆
地图》。从图中可以看出，
面向景福宫，左边是宗庙，
右边是社稷。

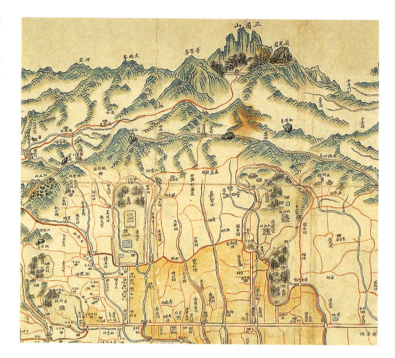

中西起第一室供奉着太祖，右边又依次供奉着其他神主。成
宗三年（1472），供奉睿宗神主的情景如下。

本庙（正殿）						
太祖	正宗	太宗	世宗	文宗	世祖	睿宗
1世	2世		3世	4世		5世

别庙（永宁殿）			
穆祖	翼祖	陶祖	桓祖

之后，随着宗庙中后世国王和王妃的神主不断增加，本
庙和别庙的建筑也在不断扩建。由于本庙中五世亲尽后仍供
奉于内的"不迁位"逐渐增多，从本庙迁往别庙的神主也在
不断增加，因而现在的宗庙建筑正面较宽。

社稷的沿革

社稷是祭祀土地神"社"和谷神"稷"的祭坛，现位于钟路区社稷洞。景福宫位于中央，其左设有宗庙，其右设有社稷坛。这是因为宗庙的祭祀对象是人的牌位，属阳祀；而社稷的祭祀对象是地神的牌位，属阴祀。自古以来，二者就呈对称分布。

朝鲜王朝时期，宗庙只有一座，位于首尔，而社稷则遍布地方郡县。位于郡县的社稷也遵循阴阳理论，建于官衙西侧。宗庙祭祀由国王亲祭，而地方社稷的祭祀则由地方官员主持。

从现存于奎章阁的朝鲜后期地方地图中，我们发现了当

社稷坛全景

社稷坛由供奉土地神的社坛和供奉谷神的稷坛组成。ⓒ Kim sung-chul

《社稷署全图》

《社稷署仪轨》的卷首附有《社稷署全图》《坛遗图说》《馔实图说》等图片，从中可以了解到社稷坛的全貌以及社稷祭时的具体场景。

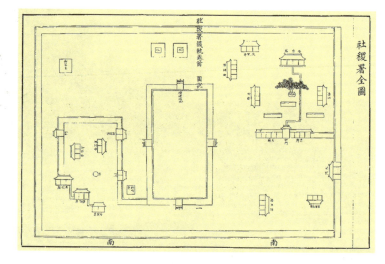

时位于官衙附近的社稷坛的身影。在以农业为主的朝鲜时期，供奉土地神和谷神的社稷坛遍布于首尔和地方郡县的中心地带，这充分说明从国家立场来看，社稷比宗庙具有更大的意义。在《国朝五礼仪》①中，有关社稷的祭祀制度出现在宗庙制度之前，也证实了这点。

社稷坛由社坛和稷坛两个四方形祭坛组成，通常东面是社坛，西面是稷坛。社稷坛之所以呈四方形，是遵循了天圆地方的传统观念，皇帝祭天的圆丘坛（又称圜丘坛）之所以呈圆形，也是受此影响。供奉土地神的社坛中主祀国社神，配享后土神；供奉谷神的稷坛中主祀国祭神，配享后稷神。

社稷坛的祭坛上铺设五色土，黄土居中，东青，西白，南赤，北黑。社稷坛四面立门，尤其是北面由三座门组成，这是因为神灵由北出入，所以提升了北门的规格。

社稷坛始立于三国时代，《三国史记》中可见高句丽和新罗修立社稷坛的记录。高丽时期，成宗十年（991）同时

---

① 《国朝五礼仪》是规定以王室为主的国家基本礼仪活动——吉礼、嘉礼、宾礼、军礼、凶礼的礼仪制度的法典。世宗朝始修，成宗朝成书，自此以儒教为基础的礼教秩序得以确立。

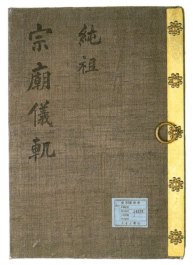

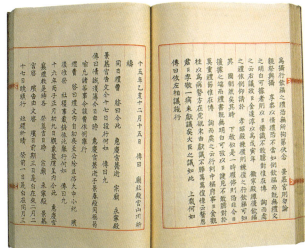

修建社稷与宗庙，其礼制与中国大致无二。1395 年，于现位置修建社稷坛，其设施仿高丽，但面积却缩小了一半。这可能是因为要遵循诸侯国礼制的缘故。

壬辰倭乱发生后，社稷坛被焚毁，其神主被移往开城的穆清殿①保管。随后，神主又被移往平壤、黄海道、江原道等地，最终同回宫避难的国王一起返回首尔。

1897 年高宗成为大韩帝国的皇帝后，修改了社稷礼制，将国社改为太社，国祭改为太祭，新制神主，提升了祭祀的规格。

宗庙仪轨与社稷署仪轨的内容

由于宗庙中的国王神主不断增加，宗庙也需要不断扩建。宗庙的本庙和别庙分别于 1395 年和 1421 年修建，后来经历了四次扩建，1608 年又对本庙和别庙进行了改建。并且，国王薨后如追加谥号与尊号，供奉于宗庙的神主与册宝

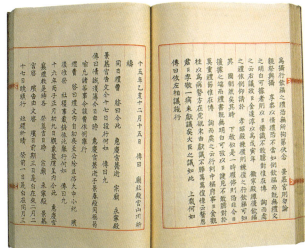

《宗庙仪轨》

此仪轨修于纯祖十六年（1816），是在对肃宗、英祖两朝的仪轨进行修正、补充的基础上完成的。藏于首尔大学奎章阁。

---

① 朝鲜王朝太祖李成桂的故居。

也要随之变换。每当扩建宗庙或更换制度时都需制作新的宗庙仪轨，所以有多本宗庙仪轨流传至今。相反，社稷坛于1395年完工后没有规格上的变化，一直沿袭旧制，只在壬辰倭乱时期被焚烧后经历了一次重建。现存最早的《社稷署仪轨》是正祖七年（1783）依正祖之命整理完成的。

《宗庙仪轨》的开篇附有多幅图片。从《宗庙永宁殿全图》中，我们可以看到宗庙本庙和别庙的全景以及附属建筑物的位置。从各幅进馔图中，我们可以了解到一年四季和腊日（冬至以后的第三个戌日）大祭，以及朔日（阴历每月初一）和望日（阴历每月十五）祭祀时的食物摆放。图片详尽的刻画还可以使我们了解祭祀时的乐器及其摆放、佾舞、祭器、国王与王世子的服饰、乐工的服饰等内容。

《宗庙仪轨》的正文记录包括宗庙的创建及改建过程、各神室的神主安排、商定国王谥号和庙号的相关讨论、神主的奉安与转移、尊号的追加、国王亲祭时的场景，以及祭礼上使用的乐章、祭祀物品、祭文的样式等内容，同时还记录

《社稷署仪轨》

《社稷署仪轨》记录着社稷制度、仪式程序以及与仪式相关的其他内容，并附有图片。1783年，正祖在社稷祭时发现没有相关仪轨，遂下令编写《社稷署仪轨》。图示仪轨在1783年所编仪轨的基础上又添加了至纯祖四年（1804）二月的祭祀记录。藏于首尔大学奎章阁。

着宗庙修理、宗庙被盗、宗庙逸事等相关内容。其中所记宗庙逸事有两则：一是世宗时期，从风水上发现昌德宫与寿康宫的位置切断了宗庙的命脉，于是便商定迁移昌德宫与寿康宫；二是壬辰倭乱时期，日军宿于宗庙，每晚都出现神兵击鼓作战，使得惊慌失措的日军相互残杀，死伤无数，被迫将驻地由宗庙换成了别处。

《社稷署仪轨》的开篇也附有图片。通过图片我们可以了解社稷坛的全景、社坛和稷坛的神主摆放、周边院墙的布置，以及各祭祀时段不同的食物、祭器、乐器及其摆放，佾舞时所用的道具，国王与王世子的服饰，等等。甚至当时量布所用的尺子以及其他三种尺子都按实物大小以图片的形式被记录下来。

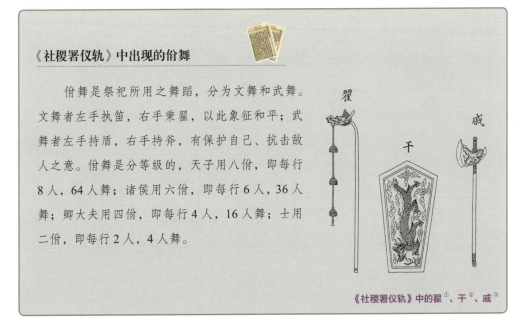

《社稷署仪轨》中出现的佾舞

　　佾舞是祭祀所用之舞蹈，分为文舞和武舞。文舞者左手执笛，右手秉翟，以此象征和平；武舞者左手持盾，右手持斧，有保护自己、抗击敌人之意。佾舞是分等级的，天子用八佾，即每行8人，64人舞；诸侯用六佾，即每行6人，36人舞；卿大夫用四佾，即每行4人，16人舞；士用二佾，即每行2人，4人舞。

翟　　　干　　　戚

《社稷署仪轨》中的翟①、干②、戚③

① 木柄，雕龙头，龙口夹三根野雉尾。

② 盾。——译者注

③ 斧。——译者注

祭礼时国王与王世子的服饰

　　国王与王世子的服饰基本是相同的，只是在外衣、下裙及装饰品的图纹上有所差异，国王是九章服，王世子为七章服。选自《社稷署仪轨》。

国王

圭①　　　　冕（冕旒冠）　　　衣面（外衣前面）　　衣背（外衣背面）

裳（下装，裙）　　蔽膝　　　　　方心曲领　　　　　华带/大带②
　　　　　（遮盖大腿至膝部的服饰）（胸前装饰品）

绶③　　　　佩④　　　　　　　袜　　　　　　　　舄

王世子

冕　　　　　　衣　　　　　　　　绶　　　　　　　佩

---

① 举行典礼时手持的玉器。——译者注
② 环系腰间的带子。——译者注
③ 用以系佩玉、官印等佩饰的绸带。——译者注
④ 系在腰间的装饰品。——译者注

　　《社稷署仪轨》的正文收录着神主的书写方式、祭祀日期、祭文样式、乐章、祭祀所用牺牲、祭礼顺序、与社稷有关的各种告祭、国王命令以及行文等内容。据记载，丙子之役时，社稷坛的神主被移往江华岛，江华岛沦陷后，尹昉等人将神主埋于地下，但重新挖出时，神主损坏了四个，尹昉因此获罪被黜；损坏的神主被修理后重新供奉于社稷坛内。

祭礼与祭礼乐

　　朝鲜时期，国家公开举行的祭礼除大祀、中祀和小祀外，还有祈求降雨的祈雨祭与祈盼丰年的祈谷祭等附加性祭祀、按民间祭礼祭祀王室祖先的俗祭，以及由地方官主办的州县祭。

在首尔，国王主导举办的典型的国家祭礼有大祀、中祀、小祀，合称正祀。《国朝五礼仪》中所载朝鲜前期的国家祭礼如下表所示。

大祀	社稷，宗庙（永宁殿）
中祀	风云雷雨，岳镇，海渎，先农，先蚕，雩祀 [①]，文庙，历代始祖（檀君、箕子、高丽世祖）
小祀	灵星 [②]，老人星 [③]，马祖 [④]，名川大山，司寒 [⑤]，祃祭 [⑥]，禜祭 [⑦]，酺祭 [⑧]，七祀 [⑨]，纛祭 [⑩]，厉祭 [⑪]

大祀、中祀、小祀是按照祭祀等级进行的分类。等级不同，举行国家祭礼时的献官人数、祭祀前的斋戒天数、国王参加与否、祭乐使用与否以及祭器的数量等都会有所不同。比如大祀与中祀时，国王担任献官，而小祀时，国王则不参加；大祀与中祀时，献官三人（初献、亚献、终献），小祀一人；大祀前献官散斋（不吊唁、不探病、谨慎言行）四日，小祀二日；大祀致斋三日，小祀一日。

---

① 古代祈雨的祭祀。——译者注
② 主农事。——译者注
③ 主寿命。——译者注
④ 二十八星宿中第四颗星房星。——译者注
⑤ 古代传说中的冬神。
⑥ 古代出兵时于军队所止处举行的祭礼。——译者注
⑦ 祈雨、祈求消灾解难的祭祀。——译者注
⑧ 祈求消灾解难的祭祀。
⑨ 七种祭祀，即司令、中溜、国门、国行、泰厉、户、灶。——译者注
⑩ 纛旗祭祀。——译者注
⑪ 对掌管疫疾的神灵的祭祀。——译者注

分类 祭祀	献官	散斋	致斋	国王香祝①	玉帛	祭乐	祭器的数量							
							笾	豆	俎	簠	簋	登	铏	爵
大祀	三人	四日	三日	有	有	有	12	12	3	4	4	6	6	6
中祀	三人	三日	二日	有	有	有	10	10	3	2	2	3	3	3
小祀	一人	二日	一日	无	无	无	8	8	2	2	2	-	-	3

宗庙祭乐的演奏

　　宗庙祭礼上演奏《保太平》和《定大业》乐章。《保太平》和《定大业》原是世宗朝宴会用的"俗乐"，世祖朝被定为宗庙祭乐。ⓒ Kim sung-chul

　　宗庙祭与社稷祭是等级最高的祭祀，同时也是象征朝鲜王朝统治秩序的祭祀。宗庙大祭与社稷大祭每年举行4次，由国王担任初献官主持祭礼，王世子担任亚献官，领议政担任终献官。这是国家最高规格的祭祀。

　　在宗庙祭与社稷祭中，除定期举行的大祭外，还会不定期举行告由祭②与祈告祭。

　　告由祭是将国家的重要事情告知祖先的祭礼。在战争中取得胜利或处决叛贼时，册封王妃或王世子时，王室要举行葬礼或国王、王妃告疾时，移迁王陵时，改建宗庙与社稷的

---

① 指国王上香、致祭文。——译者注

② 即告祭。——译者注

建筑或修理院墙时，都会举行告由祭。如同士大夫家里设立家庙将家中重大事情告知祖先一样，国家发生重大事件时也要向王室的祖先和掌管农业的神灵报告。

祈告祭包括干旱严重时的祈雨祭、祈求丰年的祈谷祭、祈求降雪的祈雪祭、降雨后的感谢祭。这些祭礼大部分与百姓生活息息相关，一般在社稷坛举行。

不定期举行的告由祭与祈告祭，国王亲自参加的次数并不多，一般由正一品官员担任初献官，正二品官员担任亚献官，从二品官员担任终献官。

举行祭礼时必须演奏祭乐，祭乐是礼乐文化的一种政治体现。大祀和中祀时会演奏相应的祭乐，同时会根据祭礼各环节的不同演唱相应的歌辞。国家祭礼的顺序一般为迎神—奠帛—进馔—初献、亚献、终献—撤餐（撤回祭器）—送神，每一环节都会伴随有相应的祭乐。

朝鲜王朝的社稷祭乐基本沿用自中国，宗庙祭乐采用的则是俗乐，即朝鲜时期的音乐。世祖在宗庙大祭上演奏的是《定大业》与《保太平》，二者原为世宗为举办宴会而创制。《定大业》歌颂的是开国建业的太祖的武功，《保太平》歌颂的是安邦定国的太宗的文德，世祖在宗庙大祭上通过演奏这些乐章来歌颂先王的功德。

宗庙祭乐与文庙祭乐一样都保留了历史原貌，至今仍在演奏。东方传统的祭乐，在韩国保存至今，不得不说是一件值得骄傲的事情。近来，宗庙祭乐从宗庙祭礼中分离出来，开始作为传统音乐的一种形式登上舞台，这一举措在挖掘传统文化资源、追求纯粹艺术的今天收获了颇多好评。

第六章

朝鲜王室的用印记录

—— 宝印所仪轨

宝印是指朝鲜时期王室和官厅中所用的印章。"宝印"一词原指佛教三宝①中的"法宝",诸佛之教法中,法宝乃实宝,坚固不坏,故以此来指称国王的印章。

宝印可分为"宝"与"印"。"宝"又称"御宝",是国王公开使用的印章,"印"是除"宝"之外的一般印章。所以,"宝"的使用者是国王和王妃,而"印"的使用者除国王、王世子等王室成员外,还包括中央及地方的各级官厅。

宝印经过长时间使用后字迹模糊、难以辨认,应废弃并制作新宝印。此外,当国王王号改变或设立新官厅时,也需要制作新宝印。由此应运而生的机构就是宝印所。宝印所负责制作新宝印,并整理宝印制作的相关过程,制成宝印所仪轨。

---

① 佛教的三件宝物——佛宝、法宝、僧宝。

朝鲜王室的宝印

　　国王与王妃使用的印章称为"宝","印"则是国王、王世子、各种王室记录、各级官衙使用的印章。"宝"和"印"根据材料的不同可分为金宝（印）、银宝（印）、玉宝（印）。

1. **宣祖金宝** 正伦立极 盛德洪烈 至诚大义 格天熙运 显文毅武 圣睿达孝 大王之宝 1604 年制
2. **宣祖玉宝** 正伦立极 盛德洪烈 至诚大义 格天熙运 显文毅武 圣睿达孝 大王之宝 1604 年制
3. **肃宗金宝** 章文宪武 敬明元孝 大王之宝 1720 年制
4. **肃宗玉宝** 显义光伦 睿圣英孝 王宝 1713 年制
5. **英宗玉宝** 至行纯德 英谟懿烈 王宝 1740 年制
6. **正祖金宝** 文成武烈 圣仁庄孝 大王之宝 1800 年制
7. **正祖玉宝** 正祖 宣皇帝宝 1899 年制
8. **真宗世子银印** 孝章 承统 世子之印 1729 年制

以上宝印均藏于韩国国立故宫博物馆。

"孝孙八十三书"银印

1776 年英祖 83 岁时送给世孙正祖的银印，印面上刻着"孝孙 八十三书"。藏于韩国国立故宫博物馆。

有关宝印的记录

现代社会，公共机构发行的所有公文上都应有该机构负责人的印章。公文上盖有机构负责人的印章则证明此公文为真件，得到了该发行机关法人的认可。个人所制文书上如盖有印章，则说明经过本人确认，该文书所记内容无误。朝鲜时期的公文上也盖有机关负责人的印章。不过，由于以国王名义制成的国家公文种类繁多，宝印的种类也相应众多。

宝印象征着王室的权威。朝鲜时期，当拥立国王或册封王妃、王世子、王世子嫔、大王大妃时，以及国有庆事之时，为提高王室成员的权威，常会为其加封尊号，这时便需要制作新的宝印。英祖晚年之际，接受了世孙正祖的请命，在《承政院日记》中删除了谴责思悼世子的记录，并制作刻有"孝孙"的银印赐予正祖。此后，正祖每次出行都将此印章置于队列的前方，以此来显示英祖对自己的信任。

宝印是国家的官方用章，其尺寸和用途都有详细的规定。宝印持有人身份不同，宝印的样式和用途便会有所不同；同一持有人的宝印也会因用途不同而产生尺寸上的差异。此外，当停用旧宝印、制作新宝印时，由于新旧宝印的样式必须相符，所以即使是非常细微的部分，也都有详尽的规定。

如今，宝印制作的相关记录以多种形态流传于世。

《金宝改造都监仪轨》是肃宗三十一年（1705）制作供奉于宗庙和永宁殿的金宝时整理的仪轨。宗庙中供奉着历代国王的神主、金宝和玉册，壬辰倭乱和丙子之役时期多遭损毁，长时间未加修缮，直到肃宗时期才重新制作被损毁的金宝、修理保管金宝的宝匣。并且，肃宗还新制了太祖的四代祖先——穆祖、翼祖、陶祖、桓祖以及神懿王后（太祖的第一任王妃）的金宝，供奉于宗庙之内。此举无疑是为了提升朝鲜王室的权威与尊严。

《册宝改修都监仪轨》是制作仁祖的王妃——庄烈王后的册宝时整理的仪轨。肃宗十三年（1687）九月二日，大王大妃（庄烈王后）居住的万寿殿遭遇大火，大妃所穿衣装及生活用品都付之一炬，册宝也被火熏黑受损。对此，肃宗下令重制大王大妃的册宝，《册宝改修都监仪轨》就是根据此过程记录整理的仪轨。

《玉印造成都监仪轨》是英祖十一年（1735）孝章世子（英祖长子）的世子嫔赵氏（赵文命之女，后被追尊为孝纯王后）被封为贤嫔后，制作其玉印时整理的仪轨。

《印信誊录》虽不是仪轨，但此书记载了印信，即官印制作的相关过程。朝鲜时期的官印由工曹制作、礼曹管理，根据机关负责人品阶的不同，其尺寸也有所不同。官厅中需要的新官印由工曹负责，工曹制作完毕向国王汇报后将其送往官厅，官厅收到新官印后将旧官印上的字削去（此称"削篆"），交由礼曹管理。

现奎章阁中保存着 6 本《印信誊录》，记载的是从肃宗朝到高宗朝各级官厅的官印制作详情，在正祖朝之后的记录中还收录有官印图案。此外，还有一段有关官印的逸话。

壬辰倭乱时期，庆尚右兵营的右水使崔庆会被日军追赶，走投无路后身揣官印投江自尽。因为在战争中，军营的印章如果落入敌军之手，调动兵力时就会引发动乱。此官印于英祖二十三年（1747）被发现并送至首尔，英祖见此印章，感怀崔庆会的忠义，亲自为其书文，将官印重新送回庆尚右兵营保管。

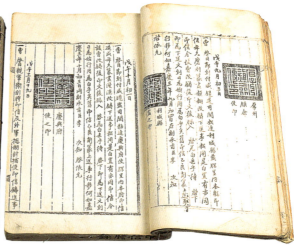

《印信誊录》

　　此书记载着掌管官印的礼曹与制作官印的工曹应各中央官署与地方官衙之请制作并下发官印的过程。藏于首尔大学奎章阁。

《宝印所仪轨》的内容

　　《宝印所仪轨》是高宗十三年（1876）新制保管于景福宫勤政殿的国王宝印与保管于世子宫的玉印时整理的仪轨。重新开始全面制作新宝印的原因是景福宫的火灾。是年十一月四日，景福宫交泰殿遭遇大火，烧毁了包括附近建筑物在内的830间房屋。火势蔓延迅速，保管于各殿阁的历代国王手墨及物品被付之一炬，除了国王的大宝与世子的玉印之外，其余宝印尽毁。高宗遂于十一月八日下令重新制作、修复被大火烧毁的宝印，自此宝印的制作、修复工作全面展开。

　　宝印的制作由武卫所和户曹主管。高宗从大院君手中接过政权后，为强化宫殿的护卫，于1847年创设了宫殿护卫军——武卫所。之后，由于兵力不断增加，武卫所除护卫宫殿外，还承担起都城守备的任务，并于1881年升级编制为武卫营。1876年，掌管宝印所的是担任武卫所提调、吏曹判书的金辅铉和户曹判书闵致庠，此外，郎厅也由武卫所和户曹的官吏担任。

　　《宝印所仪轨》共制成九部。其中，用高级纸张——草注纸制成的有三部，两部供国王御览和王世子睿览，其余一部由世子侍讲院保管；用楮注纸制成的仪轨有六部，分别保管于奎章阁、春秋馆，以及鼎足山、赤裳山、太白山、五台山四处史库。

　　现奎章阁中保存着以上九部仪轨中的七部，其中包括用草注纸制成的三部和用楮注纸制成的四部。从封面的记录来看，用楮注纸制成的四部仪轨应该是奎章阁、春秋馆、太白山、鼎足山藏本。因此，除赤裳山和五台山藏本外，其余七部原本都被完好地保存了下来。

　　仪轨的扉页记载着制作宝印的日程。1876 年十一月十六日，户曹和武卫所的堂上官、郎厅至勤政殿取出宝印、载于彩舆，将其移至武卫所直房 ① 的大厅。宝印制造工作于当天开始，同年十二月十六日完成第一阶段的三方宝印，十二月二十八日完成其余宝印的制作后移交勤政殿。

---

① 　当值办事之处。——译者注

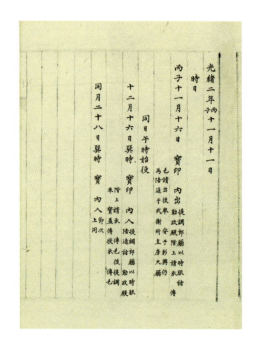

《宝印所仪轨》中记录的宝印制作日程安排

右图是 1876 年十一月十六日户曹提调与武卫所郎厅共入勤政殿将宝印取出，置于彩舆后运送至武卫所直房的相关记录。

扉页之后是相关官厅出具的由国王批示的负责宝印制作的官员名单以及有关宝印制作数量的报告书，还涉及制作宝印时的资财调配与制造工人的薪金。资材调配与工人薪金的情况大致如下：武卫所出熟铜 300 斤、白铁 150 斤，户曹出银 880 两、铜钱 2355 两 5 钱；制造者薪金按照业务的不同有所差异，工匠每月 11 两 4 钱，做辅助性工作的捕校每月 6 两，捕快每月 3 两。

其后是相关官厅出具的宝印制作时所需人员及物品的文书，例如请求发放制作工作初期所需的帷盖和屏风、请求准备完工后将宝印移往勤政殿时抬轿士兵的着装等。

十二月二十八日新宝印移交勤政殿后，开始对参与宝印制作的人员进行嘉奖。武卫所的提调和从事官分别得到驯马一匹、鹿皮一张，下级官吏有的升了官阶，有的被派往地方做地方长官。制作宝印的匠人们得到的奖品是棉布。共计 27 个工种的 77 名匠人参与了宝印制作，奖励名单如下。

宝匠	4 名		雕刻匠	2 名
豆锡匠 ①	1 名		冶将	3 名
金匠	1 名		锁子匠	2 名
银匠	1 名		磨造匠	2 名
玉刻手	1 名		磨光匠	3 名
小炉匠	1 名		漆匠	3 名
担鞭匠	1 名		护匣匠	5 名
屏风匠	4 名		裹皮匠	2 名
宝匠	5 名		多绘匠	3 名
豆锡匠	10 名		入丝匠	3 名
银匠	2 名		鞍子匠	2 名
木手	2 名		每缉匠	2 名
小木匠	3 名		担鞭匠	2 名
小炉匠	7 名			

　　接下来是宝印的图片说明，这在《宝印所仪轨》中占据相当部分的篇幅。仪轨中附有彩绘的新制十一件宝印以及宝匣的图片，同时也对宝印的细部规格进行了说明。

　　再然后是将宝印用绸缎或其他布料包裹后进行保管的"封裹式"的相关记录，包括向国王申请的仪式所需物品清单、制作完工后由宝印所向户曹结算各物品实际消耗量与剩余量的报告文书等。

　　《宝印所仪轨》的末尾部分附有仪轨制作的相关记录，从中可以得知，大部分仪轨在制作完成后都会被移送至相关官厅保管，而送往四处史库的仪轨则先要在艺文馆进行干燥处理，随后才被送往地方封存。

---

　　①　豆锡匠是指从前用铜和锡的合金——黄铜来装锡的匠人。——译者注

《宝印所仪轨》中收录的各种宝印图说

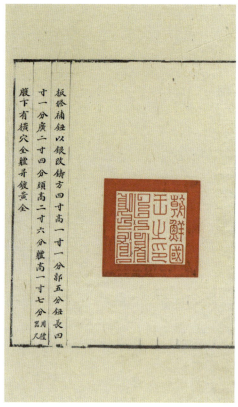

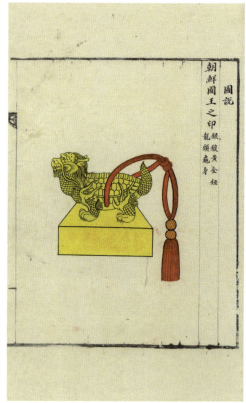

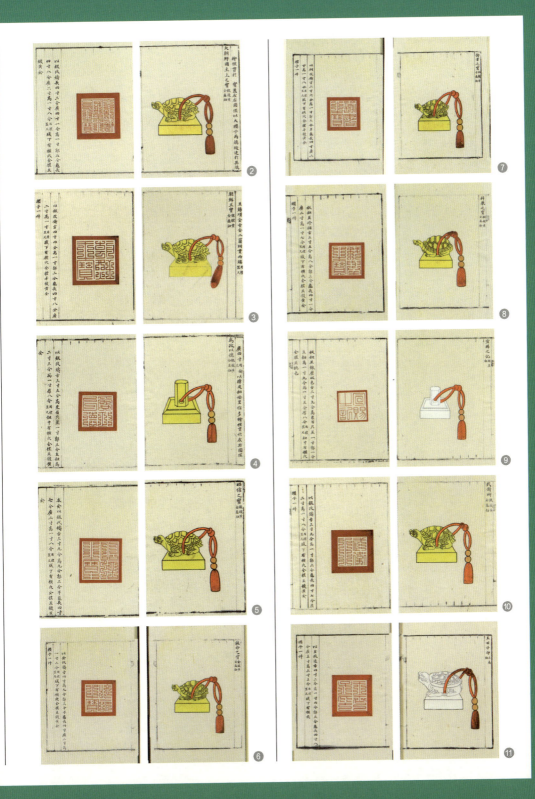

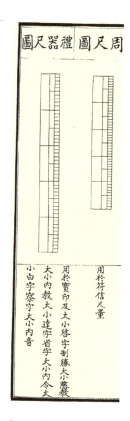

圖尺器禮　圖尺周

用於符信尺量

用於寶印教及大小啟字制藤大小蘗教大小內教大小達字省字大小內令大小白字察字大小內音

《周尺图》与《礼器尺图》

《宝印符信总数》中收录的《周尺图》与《礼器尺图》。这些是制作宝印时测量尺寸的用具。

《宝印所仪轨》中收录的宝印

　　《宝印所仪轨》收录着1876年所制十一方宝印的制作情况，其种类、材质、规格如下表所示。表中所用测距尺为礼器尺，长度单位为"寸"。

序号	宝印	材质	宝纽＼印纽				宝身＼印身			
			样式	长度	宽度	高度	长度	宽度	高度	边缘
1	朝鲜国王之印	天银镀金	龙首龟身纽	4.1	2.4	2.6	4.0	4.0	1.1	0.5
2	大朝鲜国土上之宝	天银镀金	龟纽	4.8	2.0	1.8	4.1	4.1	1.0	0.5
3	朝鲜王宝	天银镀金	龟纽	4.8	2.0	1.0	4.4	4.4	1.0	0.3
4	为政以德	天银镀金	四角			2.3	3.5	3.5	1.0	0.3
5	昭信之宝	天银镀金	龟纽	4.7	2.0	1.8	3.9	3.9	0.9	0.25
6	施命之宝	纯金镀金	龟纽	4.0	2.0	1.2	4.0	4.0	0.9	0.35
7	谕书之宝	铜镀金	龟纽	4.0	2.0	1.8	3.6	3.6	1.0	0.35
8	科举之宝	铜镀金	龟纽	4.1	2.0	1.7	3.5	3.5	0.8	0.3
9	宣赐之记	天银	四角			1.9	2.9	2.9	1.0	0.1
10	武卫所	天银镀金	龟纽	4.7	2.0	1.8	3.9	3.9	1.0	0.6
11	王世子印	玉	龟纽	4.8	3.0	2.3	4.2	4.2	1.4	0.5

以上十一方宝印中，从"朝鲜国王之印"到"宣赐之记"属于"宝"，"武卫所"和"王世子印"则属于"印"。宝印的材质大部分是银镀金，印纽大部分是龟纽，唯有"朝鲜国王之印"的印纽是龙首龟身纽。高宗称帝后，龙纽宝印才逐渐增多，这是因为按照等级制度，国王的宝印是龟纽，而皇帝的宝印才是龙纽。

"朝鲜国王之印"是在对中国事大的文书中使用的宝印，又称"大宝"，对日本的外交文书中使用的是"大朝鲜国主上之宝""为政以德""昭信之宝"。对日本的外交文书最初使用的是"昭信之宝"，继而使用的是被称为"以德宝"的"为政以德"，后期才使用"大朝鲜国主上之宝"；在对中国的外交文书中使用的宝印上，朝鲜统治者自称"朝鲜国王"，而在对日本的外交文书中使用的宝印上，则自称"大朝鲜国之主上"。从中我们可以看出朝鲜的地位逐渐得以提高。

此外，国王的教命与笺文①使用的是"朝鲜王宝"，教书②和谕旨使用的是"施命之宝"，任命观察使和节度使的谕旨上使用的是"谕书之宝"，科举生员的考试纸或合格文书上使用的是"科举之宝"，国王下赐书籍时使用的则是"宣赐之记"。

宝印上的部件由宝（印）纽、宝（印）身、带子、铃铛、穗子组成③，各部件的规格及所需材料在仪轨上都有详细记载。并且，制作宝印时，为方便日后的保管与使用，还会同时制作宝（印）筒、宝（印）盝、护匣三种匣盒。

宝印被放入宝（印）筒后，再放入宝（印）盝里，最后被放入护匣内。并不是所有的宝印都配有护匣。1876年制作有4个护匣，"大宝"与"大朝鲜国主上之宝""施命之宝""谕书之宝"被放入同一护匣内保管，而"朝鲜王宝"和"王世子印"则被放入各自的护匣内保管。护匣的外表也会有所不同，"大宝"的护匣表面贴有一层黄色的鹿皮，而"朝鲜王宝"则用的是黑色鹿皮；但其内部是一样的，都由白色马皮制成。宝（印）筒上不设锁，但宝（印）盝和护匣上都有锁。

---

① 大臣上呈国王的骈体文文书。——译者注
② 国王下达的命令文书、训诫文书、公告文书的统称。——译者注
③ 带子、铃铛、穗子合称宝（印）绶，为方便携带宝印而制。——译者注

宝印的各部位名称

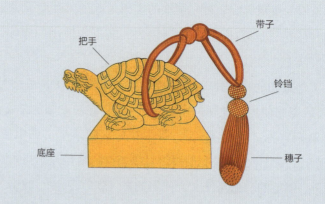

把手

带子

铃铛

底座

穗子

宝印所仪轨中收录的筒、盝、护匣

"朝鲜国王之印"的宝筒

"朝鲜国王之印"的宝盝

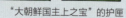

"大朝鲜国主上之宝"的护匣

"朝鲜王宝"的护匣

封裹式：将大宝放入匣盒的程序

1. 将大宝用红色云纹刺绣绸缎包好，再用两根缎绳打成十字结放入宝筒内，用白色棉花填满空隙后，将香料置于其上，封盖。

2. 将宝筒用红色云纹刺绣绸缎包好，再用两根缎绳打成十字结，放入宝盝内，用白色棉花填满空隙后，将香料置其上，封盖。

3. 用黄铜镀金的锁封上宝盝，将钥匙放入钥匙袋内，挂在锁头上。

4. 用草注纸将宝盝围扎封好，写上"臣谨封"三字，在"臣"字下加盖武卫所提调的印章。

5. 用咨文纸①制成标签，写上宝印的名字，将标签插在封好的宝盝上。

高宗皇帝的登基与宝印

宝印象征着王室的权威，根据使用者级别的不同，其样式会有严格的区分。高宗于 1897 年在圜丘坛登基称帝，从朝鲜国王升级为大韩帝国的皇帝，其宝印也随之产生了变化。

《宝印符信总数》一书中记录着高宗称帝后使用宝印的相关情况。此书成书于 1903~1907 年间，其中不仅记载着高宗皇帝的御用宝印，皇后、皇太子、皇太子妃、皇太孙的宝印使用情况也都被一一记载下来。此外，此书还收录了《宝

---

① 对中国的事大外交中所用的高级公文纸。

印所仪轨》中十一方宝印的相关情况。

《宝印所仪轨》和《宝印符信总数》最大的区别就是后者收录的属于皇帝的宝印数量大幅增加。《宝印符信总数》中收录着四十多种宝印，其中皇帝使用的宝印全部都是新制的，有象征大韩帝国成立的"大韩国玺"、多种"皇帝之宝"、象征皇命的"制诰之宝"与"敕命之宝"等。这些宝印都为龙纽，从外形上便可轻易分辨出是皇帝之宝。而从前作为国王宝印的"施命之宝"则成了相应级别的皇太子的宝印。

高宗登基并改称国号，意味着朝贡体制下从属于中国的藩国朝鲜成为一个完整独立的国家。因此，大韩帝国才得以拥有了有史以来最高级别的宝印——国玺。

朝鲜时期宝印目录

对象	宝印类别	宝印符信名称	备注
皇帝		大韩国玺	
		大韩国玺	
		皇帝之宝	
		皇帝之宝	
		皇帝之宝	
		制诰之宝	
		敕命之宝	
		敕命之宝	
中国	朝鲜国王之印（大宝）	朝鲜国王之印	（中国）清朝事大文书，大内奉安
		朝鲜国王之印（女真印）	（中国）清朝请奏用，奉谟堂奉安
		朝鲜国王之印	（中国）明朝事大文书，奉谟堂奉安
日本	大朝鲜国主上之宝	大朝鲜国主上之宝	对日审批，大内奉安
		大朝鲜国宝	对日文书，大内奉安
		大朝鲜国大君主宝	
		大朝鲜大君主宝	
		大君主宝	
		大朝鲜国宝	
	为政以德	为政以德	对日通信文书，宙合楼奉安
	昭信之宝	昭信之宝	对日通信文书，宙合楼奉安
国内	朝鲜王宝	朝鲜王宝	教命，亲上笺文，宙合楼奉安
	施命之宝	施命之宝	教旨、教命
	谕书之宝	谕书之宝	观察使、节度使的任命谕书，大内奉安
	科举之宝	科举之宝	试卷、红牌、白牌，大内奉安
	宣赐之记	宣赐之记	书籍颁赐
		浚明之宝	春坊① 教旨
		命德之宝	
		垂训之宝	
		广运之宝	
		钦文之宝	
		钦文之玺	
		大元帅宝	
		耆老所	
		奎章之宝	书籍颁赐
		浚哲之宝	阁臣教旨，大内奉安
		同文之宝	书籍颁赐
		宣赐端宝	书籍颁赐
军营	武卫所	武卫所	武卫所预览文书，大内奉安
		亲军营	
		亲军营	
		扈卫厅	

---

① 负责王世子教育的官厅。——译者注

《宝印符信总数》收录的宝印和印面

　　"朝鲜国王之印"和"大朝鲜国主上之宝"是高宗称帝之前使用的宝印，分别用于对中国和日本的外交文书。"大韩国玺""皇帝之宝""制诰之宝""敕命之宝"是高宗称帝后使用的宝印。

朝鲜国王之印

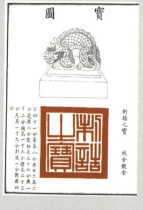

大朝鲜国主上之宝

大韩国玺

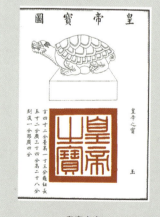

皇帝之宝

制诰之宝

敕命之宝

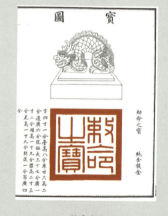

第七章

国王和大臣们的射箭竞技

——大射礼仪轨

弓箭与韩国的渊源可以追溯到古代。中国称大韩民族为"东夷","夷"字中就包含"弓箭"的字形,也就是"东方擅长弓箭的民族"。从中可以看出,自古以来,在周边国家的意识里,大韩民族是擅长射艺的。

据载,建立高句丽的东明王擅长弓箭,高句丽古墓壁画上也有武士骑射的身影,从中我们了解到大韩民族的先人们高超的射艺。李晬光的《芝峰类说》①中提到,大韩民族的兵器——弓箭可以与清人和日本人的铁骑相抗衡,这一记载同时告诉我们,大韩民族与弓箭有着密不可分的联系。善射的传统延续至今,奥运会上韩国运动员在射箭比赛中的出色表现即是其证。

但是在传统社会中,射箭比试的不单单是武艺。根据《周礼》记载,"射"与"礼、乐、御、书、数"并称"六

---

① 《芝峰类说》成书于光海君六年(1614),是李晬光编写的一本百科辞典。此书以作者在中国的见闻为主,介绍了朝鲜、中国、日本等东南亚国家以及欧洲的事情,堪称当时实学思想的启蒙著作。

艺",古人对射艺的重视程度由此可见一斑。同时,《论语》《孟子》《礼记》等儒家经典中也都非常重视可以修养身心的"射"。射艺是巩固王权、强化国防的基本技能之一,国王会定期与文武百官举行射箭活动,称为"大射礼"。"大射礼仪轨"便是以文字和图画的形式记录大射礼过程的仪轨。

何为"大射礼"

大射礼是国王和群臣通过射箭比赛来确认君臣间礼仪的活动。《朝鲜王朝实录》中记载朝鲜历史上举行的大射礼共有四次,分别在成宗八年(1477)、燕山君八年(1502)、中宗二十九年(1534)、英祖十九年(1743)。除大射礼之外,御射礼和试射礼也频繁举行,各地方亦会经常举行乡射礼。从记录画中我们也可以看出,射礼于朝鲜社会有重大意义。《华城陵行图》描述的是正祖陪同其母亲惠庆宫洪氏出巡华城时的情形,此图以八副屏风的形式流传下来。通过描绘正祖在得中亭示范射箭的《得中亭御射图》,我们可以得知,在国家举行重要宴会时,射箭是必不可少的一项活动。

成宗朝举行大射礼,最主要的原因是为炫示王权和加强军士戒备。成宗在大射礼举行前下达的教旨中,指出举行大射礼的传统中断已久,希望在自己治下的和平盛世能够恢复这一传统。他不仅表达了自己想要举行大射礼的愿望,同时希望得到大臣们的理解。朝鲜前期,政治制度得以整顿,到成宗朝时,社会逐渐趋向安定,成宗举行大射礼不仅意在巩固王权,也有向世人炫示盛世的含义。同时,成宗举行大射礼也是出于军事需要。从大射礼举行之前的七月开始,边防问题就被不断提上日程,此时举行大射礼与这一时代背景是分不开的。此外,成宗为与民众分享盛世的喜悦,还下令举办乡射礼和乡饮酒礼,这使得王室以外的全国百姓也都参与其中,演变为全民参与的国家性礼仪活动。成宗朝举行的这次大射礼成为典范,后世举行的各次大射礼都没有脱离成宗朝的典制。

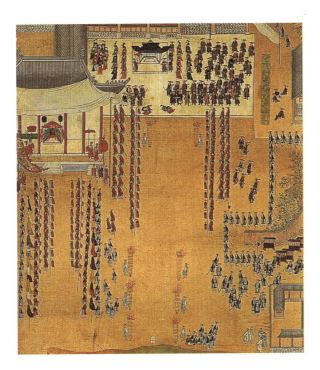

《得中亭御射图》(部分)

《华城陵行图》屏风之一，绘制了闰二月十四日正祖华城巡幸时与臣子们在得中亭射箭，并在晚上陪伴母亲惠庆宫观赏烟花的场景。从图片中可以看出，左边的洛南轩中安放着国王的御座，得中亭前摆放着惠庆宫的轿辇。

　　经历反正政变①和己卯士祸②的中宗认识到举行大射礼等国家性礼仪活动的重要性。为收拢民心，即位后，他多次想要举行大射礼，但由于种种原因一再延后，直到中宗二十九年（1534）八月才得以实现。燕山君朝曾在大射礼结束时举行了一场君臣间的宴会，中宗认为此举不妥，应重视供馈③，是以中宗一朝接受供馈的儒生有 6229 名之多。

　　就英祖朝举行的大射礼而言，其巩固王权的意图非常

---

① 中宗反正于 1506 年九月十八日爆发，这次政变的结果是燕山君被废，晋城大君李怿被拥立为王，是为朝鲜中宗。——译者注
② 即 1519 年朝鲜王朝发生的政治事件。朝鲜燕山君在位时，儒学衰退、纲纪紊乱。中宗反正，起用赵光祖等少壮道学者，倡导朱子性理学。赵光祖以儒教为政治教化基础，欲实现三代王道政治，大事改革，最终与保守派功臣郑光弼等互相对立。因此赵光祖剥夺了四分之三功臣的勋位，从而导致己卯士祸的发生。——译者注
③ 国王赏赐食物。

明显。即位之初，英祖为加强统治实施"荡平策"①，但进展并不顺利。英祖十六年（1740），随着老论派四大臣的复职，老论派的政治影响力逐渐提高，英祖的"荡平策"受到威胁，这使得英祖不得不寻求新的思路来巩固王权。笔者认为这是英祖在时隔200多年后重新举行大射礼的重要原因。这一推论也可以从以下事实中得到证实：当时，许多大臣上疏认为此时举行大射礼不合时宜，但英祖不顾反对，亲自查阅前例，坚持举办大射礼，同时提出，大射礼虽为天子之礼，但诸侯也可以参加，并继续沿用"大射礼"这一名称。

大射礼举行当天，英祖强调，这是恢复200多年前中宗朝的礼法，同时非常感慨自己在年过半百之际举办了这场活动。为了纪念这次时隔200多年的大射礼，英祖一再下令，命各道的观察使和首领公平选拔全国人才进行颁奖，同时还特别命令将此次活动记录下来。因而此次大射礼的相关事宜以文字和图片的形式被保留下来，如今我们也得以观赏到活动举行时的生动场面。

大射礼所具有的巩固王权的性质自英祖朝一直持续下来。例如正祖出巡华城时，在得中亭示范射箭；纯祖虽未举办过大射礼，但通过与文武大臣的各种射箭比赛及聚会表达了主掌国政的意志。如此，朝鲜时期举行的大射礼，其目的大都在于巩固王权、收拢民心、强化军事等，同时也是一场包含着加强君臣交流、主导国政方向等意图的政治活动。

《大射礼仪轨》的内容及构成

《大射礼仪轨》是将英祖十九年（1743）闰四月七日在成均馆举行大射礼的过程用文字和图画的形式记录下来的仪轨。《大射礼仪轨》成书一卷，共制有五部，一部为国王御览用仪轨，其他四部分别保管于议政府、史库、礼曹以及大射礼的举行场所——成均馆。

大射礼在成均馆举行，国王亲临成均馆，目的是为了鼓励儒生，劝勉他们修身齐德。朝鲜时期，成均馆的儒生被认为是国家的栋梁，被寄予厚望。儒生们能够无偿得到国家的资助以及各种所需物品，国家的重要活动也都在此举行，这显示出国家对最高教育机关——成均馆的重视以及期望。与大射礼一样，王世子的入学礼也在成均馆举行。

---

① 为避免党争、均衡势力而采取的政策。——译者注

国王与王世子为主人公的礼仪活动在此举行，这无疑是对成均
馆儒生的莫大鼓励。

　　1743 年闰四月七日，头戴远游冠、身着绛纱袍 ① 的英祖
从昌德宫暎花堂 ② 乘小舆经集春门 ③ 出宫。当时国王护卫的排
列、分工及道路状况记录如下，由此我们可以想象，作为最
大权力象征的国王在出巡时其护卫队的形象。

---

①　国王的朝服，每月朔望日（初一和十五）、朝降、进表、朝见时的着装。因
　　头戴远游冠，所以又称远游冠袍、远游冠服。
②　昌德宫芙蓉池旁边的建筑。
③　昌德宫东北门。因此门与成均馆最近，所以国王出巡成均馆时一般由此
　　出入。

英祖出巡成均馆时的护卫情况以及各部门任务

1. 配备司禁（负责禁止闲杂人等近身）60 名。

2. 训练院①官员手持朱杖列于左右两边，以示威武。

3. 禁军与别将②作为侍射官参与活动。

4. 别将大领给各队将士发放战帽与战服，使其列队于成均馆碑拐角处的东侧。

5. 别破阵③的破阵军手持鸟铳④，以示威武。

6. 仪仗队由仪仗库官员选拔、组队。

7. 仪仗马队由司仆寺官员挑选并排列布阵。

8. 标旗手 5 名应选择身材魁梧的士兵。

9. 严防轿辇周围的上疏者及击鼓鸣冤之人。

10. 义禁府郎厅 2 名率领罗将⑤、部将⑥于队列前开路，严防闲杂人等。

11. 枪剑军 60 名从禁卫营借调。

12. 从青衣军士中选出 8 名椎牌军⑦。

13. 轿辇后的禁军与御营厅的别抄武士列队于轿辇两侧，以示威武。

14. 道路两侧的观礼行人由汉城府⑧严加警戒。

15. 埋伏待命的士兵由御营厅选送。

16. 出宫、回宫时的举火（点火）由工曹郎厅负责。

17. 道路与桥梁由汉城府负责。

18. 宫内与戒备区内由兵曹负责，警备区外与道路上如若喧哗由义禁府和训练都监负责。

---

① 朝鲜时期负责士兵选拔、武艺训练、兵书讲读等有关事务的正三品官衙。——译者注

② 朝鲜时期各军营的从二品武官职。——译者注

③ 1687 年肃宗朝时设立的由各种武官杂职人员组成的特殊兵种。——译者注

④ 又称鸟嘴铳，明清时期对火绳枪的称呼。——译者注

⑤ 朝鲜时期义禁府审问犯人时对犯人施刑或者押送流放之人的下级官吏。——译者注

⑥ 朝鲜时期五卫中统率各部的从六品武官职，定员 25 名。——译者注

⑦ 手持铁锤的兵士。——译者注

⑧ 朝鲜王朝管辖汉城事务的官厅。——译者注

19. 儒生如若喧哗由成均馆负责。

20. 护卫轿辇的80名炮手、杀手①从训练都监借调。

21. 御驾离开时，前厢军于仪式堂前设门，后厢军列队于成均馆碑拐角西侧泮水池边。

　　英祖从昌德宫出来后，到达与昌德宫相连的成均馆下辇台（下轿子的地方），下轿后到临时搭建的幄次（帐篷）更换祭服——冕服，再到成均馆文庙行酌献礼（敬酒礼），即大射礼之前参拜先贤的仪式。

　　酌献礼之后，英祖重新回到幄次，换上翼善冠和衮龙袍来到成均馆明伦堂，对在这里等候的大臣、儒生进行训诫后正式举行大射礼仪式。大射礼结束后，英祖对成均馆儒生鼓励一番，然后以"喜雨观德"为题对儒生们进行考试。久旱逢甘露之后的"喜雨"与儒教经典《礼记》中含蓄表达射箭之意的"观德"结合在一起，共同作为诗的题目。《观德亭记》载："故古者射以观德。德也者，得之于其心也。君子之学，求以得之于其心，故君子之于射以存其心也"。这句话

成均馆大成殿（左）

供奉孔子等圣贤牌位的地方。ⓒ Kim sung-chul

成均馆明伦堂（右）

成均馆儒生们探讨学问的地方。ⓒ Kim sung-chul

---

① 手持刀枪的军士。——译者注

的意思是强调"射"的目的是修养心性。从以下资料中我们也可以了解到，自古以来，举行射礼在很大程度上是为了修德行、复礼仪。

> 故射者，进退周还必中礼，内志正，外体直，然后持弓矢审固；持弓矢审固，然后可以言中，此可以观德行矣。
>
> ——《礼记》第 46《射义》

> 仁者如射，射者正己而后发。
>
> ——《孟子·公孙丑上》

> 而观人之行，尤莫大于射……然必讲于学校者，所以知人之善，择士之才，涵养于教化之中，岂惟主皮尚力而已哉？
>
> ——《燕山君日记》八年三月二日

众所周知，燕山君是一位暴君，但是他也认为举行大射礼有利于提高涵养，这一点实属不易。

自古以来，"射"就被认为是端正品行的方法。"荡平策"实施以后，王权不断得到巩固，因此对想要致力于百姓教化的英祖来说，大射礼不单单是一场射箭集会，它可以正官员之精神、固国家之纲纪、传国王之教化，是一场包含多种政治意图的礼仪活动。

图解大射礼程序

通过《大射礼仪轨》附图中的三个场面，我们可以了解到大射礼现场的情景和氛围。与之相关的三张附图分别为描绘国王射箭的《御射礼图》、描绘群臣射箭的《侍射礼图》以及描绘对参与者按照成绩进行赏罚的《侍射官赏罚图》。每幅图占有 4 页篇幅，按照仪式进行的顺序排列。下面我们依次通过每幅图来了解一下大射礼的现场。

《御射礼图》

首先，通过《御射礼图》我们可以看到，幄次中设有三级台阶。最上一级是国王的御座，第二级是铺有紫色龙纹席的御射位，第三级是宗亲以及文武百官的位置。台阶的东侧放有三个朱红色的案几，第一个案几里放置国王用的扳指（射箭时用的大拇指套）和护腕，第二个案几里放的是御弓，第三个案几里放的是御箭。东西台阶下各放有一个案几，东边的案几里放的是作为奖品的"表里"（外套和内衣）与弓矢，西边的案几里放的是作为惩罚的米酒与杯盏。设宴台上隆起一处作为射坛，在九十步开外设靶立坛。文武官员列队于临时搭建的御座前，幄次四方由遮日和帷帐严密包围，守护着国王。

场地东西处设置的影壁门给大射礼仪式平添了几分神圣与威严，影壁门前面设立轩架①是为了烘托礼仪活动的氛围，影壁门后立有箭靶。御射中使用的箭靶称为"熊侯"，是以红色为底色绘制的熊头图案，被用红色的竹竿和红线固定在射坛上。天子的箭靶应使用绘有虎头图案的"虎侯"，诸侯的箭靶应为"熊侯"，考虑到当时与中国的关系，朝鲜国王的箭靶使用了"熊侯"。

箭靶设置在御座以南九十步开外的地方，从"熊侯"处开始东西两侧每十步设一"乏"，"乏"处站立着左侧7名、右侧6名的"获者"，"熊侯"与"乏"由训练院按规格定制。②训练院院正③立于鼓前，处理国王射出之箭的御射取矢官则立于训练院院正之后。此外，图中虽然没有出现，有30名头戴紫巾、身着紫袍的卫士立于"乏"区前后，守卫国王的安全。

---

① 轩架是举行大礼、大祭等礼仪活动时使用的乐器排列，主要由钟、磬、鼓组成。
② "乏"是指射箭时为保护"获者"的安全用兽皮制作的物件（意思是箭至此处，已是强弩之末，力已穷乏，故称之为"乏"。——译者注）。"获者"是指确认弓箭是否射中的人，即报靶者。
③ 朝鲜时期训练院的正三品官。——译者注

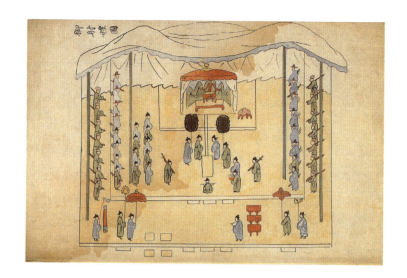

《大射礼仪轨》中的
《御射礼图》（部分）

熊侯

《御射礼图》中的熊侯。在红色的底面上绘制了熊头，称之为"熊侯"。熊侯是朝鲜国王射箭的靶子。

熊侯的大小与材料

大小：长度、宽度各 18 礼器尺①。

样式：用红漆布为底面，中间贴上白色兽皮，绘制三正②。

材料：麻丝 1 两，灰牛皮长宽各 6 尺，朱唐红颜料 4 两，真粉③ 4 两，荷叶 4 两（以上为画三正所用材料）；朱红唐 1 钱，真粉 5 钱，小橡木 4 个，熟麻条 30 把，生苎麻④ 2 钱，五升布⑤ 175 尺。

---

① 礼器尺是古代尺制的一种，指制作各种仪式所需道具时所用的尺子，1 礼器尺相当于现在的 9 寸 2 分 6 厘。——译者注
② "三正"是指古代箭靶上的三条竖线。——译者注
③ 白色建筑涂料。——译者注
④ 没有煮过的苎麻。——译者注
⑤ 粗布。——译者注

《侍射礼图》

《侍射礼图》描绘的是与国王一起参加射礼的人员两人一组射箭的场面，与《御射礼图》不同的是，此图中箭靶用的是草绿色的麋侯（麋鹿头像）。射箭完毕，由站立在"乏"后的获者们根据箭所中的位置举起相应的旗帜。以靶心为准，命中靶心者，举红旗；射中靶心上方者举黄旗，下方举黑旗；射中靶心左方者举青旗，右方举白旗；脱靶者则举彩旗。并且，东"乏"前设鼓，西"乏"前设金，射中者敲鼓，反之则鸣金。《侍射礼图》下端绘制的内容则与御射礼相同，是侍射者们行礼、射箭时演奏"轩悬之乐"的乐队。

侍射者选拔范围较广，囊括了宗亲、文臣、武臣，由从二品以上的仪宾[①]、宗亲10人，正一品以下的文臣10人，正三品以上的武臣10人，共计30人组成。其中，正三品堂上官以上者于射坛上、正三品堂下官以下者于射坛下行射。《大射礼仪轨》中绘有坛上侍射24人、坛下侍射6人，我们甚至可以清楚地看到他们射箭时用的是哪只手以及射中的次数。30名侍射者中使用左手的人数为12人，占总人数的40%，这一点也十分特别。记录射中者真实姓名以及射中与

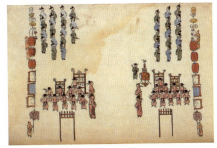

《大射礼仪轨》中的《侍射礼图》

参与射箭的大臣两人一组射箭的场面。

---

① 朝鲜王朝时期，与王族通婚者皆称"仪宾"，相当于中国古代的"驸马"。——译者注

否的举动也不失为鞭策人们在平日多加练箭的良策。

《侍射官赏罚图》

《侍射官赏罚图》记录的是射箭结束后对相应人员进行赏罚的场面。兵曹正郎宣布赏罚人员名单，被点到名的当事者来到国王面前一一站好。命中者会得到由军器寺准备的表里和由济用监准备的弓和箭，而脱靶者则要喝掉由内资寺准备的罚酒。

责任官员首先来到东阶前，朗声向国王禀告命中者的姓名与官职，然后命中者来到东阶下面西而立；相应的，脱靶者则来到西阶下面东而立。礼乐起，即参拜国王，接受颁奖。四支箭全部射中者①，奖励表里与搭肩②；射中三支箭者，奖励衣里与搭肩；射中两支箭者，奖励弓箭与搢腰③；射中一支箭者，奖励弓与搢腰。

相反，只箭未中者则需饮罚酒。礼官将酒倒入觯④内，置于丰⑤上，未射中者来到丰前朝北跪叩后，左手执卸弦的弓，右手执觯，站立饮罚酒。未射中者饮罚酒这样一个小小的惩罚，使得射礼更像是一种庆典。

侍射官射耦名单

此名单摘自《大射礼仪轨》，记录着参与大射礼的官吏名单以及四支箭射完后的命中情况。

1. 坛上侍射 ....

密昌君	廪	右弓	不中
洛昌君	棠	左弓	二中

---

① 每位射手都以发射四支箭为限。——译者注

② 披肩。——译者注

③ 佩戴在腰间的护具。

④ 古代饮酒用的器皿，形似尊而小，或有盖。

⑤ 古代盛酒器的托盘。

西平君	桄	右弓	二中
砺恩君	梅	左弓	四中
锦城尉	朴明源	右弓	一中
月城尉	金汉荩	左弓	一中
吏曹参判	李益炡	右弓	三中
兵曹判书	徐宗玉	左弓	二中
南原郡	橘	右弓	二中
行副司直	徐宗玉	右弓	二中
			※ 赵显命代（代替赵显命参加）
东恩君	禣	右弓	一中
同知中枢府事	郑彦燮	左弓	一中
海恩君	李橪	右弓	二中
汉城府右尹	李周镇	左弓	不中
成溪君	木熏	右弓	一中
大司成	金尚鲁	左弓	不中
行副司直	金圣应	右弓	三中
咸宁君	朴缵新	右弓	四中
行副司直	具圣任	右弓	四中
行副司直	郑缵述	右弓	三中
行训练院都正	尹光莘	右弓	四中
行副护军	李义丰	右弓	二中
行副司果	具宅奎	右弓	三中
宣传官	赵东鼎	左弓	四中

2. 坛下侍射

副司果	洪益三	左弓	二中
宣传官	李章五	左弓	二中
副司果	俞彦国	右弓	一中
训练院副正	具善复	左弓	三中
宣传官	申旼	右弓	三中
艺文馆侍教	赵明鼎	左弓	三中

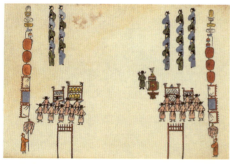

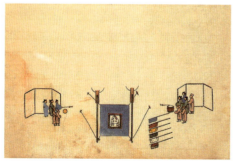

《大射礼仪轨》中的《侍射官赏罚图》

射箭比赛结束后，按照成绩进行赏罚的场面。

大部分的仪轨只将礼仪活动的高潮部分绘制成班次图，而《大射礼仪轨》则是按时间顺序将礼仪活动的全过程记录下来，这一点与其他仪轨有所不同。该特点也反映在同时期《浚川试射阅武图》的绘制上。《浚川试射阅武图》是英祖时期清溪川工程完工后为表彰有功之臣而举行活动时绘制的，从中我们可以了解，英祖时期国王主导下的国家级工程频繁落成。英祖时期开始兴盛的记录画之风在正祖时期达到顶峰，正祖出巡华城的场面被绘制成八幅屏风，由此可以看出记录画的风格被很好地继承下来。

大射礼的尾声

射箭比赛结束后，大射礼并未结束。国王御射和大臣侍射过后，由射礼的工作人员"引仪"，引导宗亲与文武百官离开，武试官则率领科举应试者们来到国王面前行礼。武科应试者三人一组进行射箭比赛，共选出金福奎等60名合格者。随后，文试官率领初试合格者若干名来到国王面前参加殿试，在殿试中选出了韩光肇等6名最终合格者。

据《大射礼仪轨》记载，为备不时之需，官方还下令为考官和儒生们准备了救急药品，为文武科合格者准备了衣

冠束带、马匹、御赐花卉等。文武科合格者选出后，依照惯例放榜通告。至此，大射礼结束，英祖乘辇由敦化门回宫。

　　大射礼结束后，英祖特命兵曹判书与同副承旨在成均馆建造三间物力屋用于保管礼仪活动中所用的物品，同时，下令艺文馆大提学作《大射礼记》上疏，并将其置于明伦堂上。英祖重申大射礼的意义并欲将活动过程永久保存的愿望，通过《大射礼仪轨》的编纂得以实现。

《浚川试射阅武图》

　　此图共4幅，描绘了1760年清溪川河道疏通工程完成后对参与工程的武士进行武艺考试、对有功者进行表彰的场面。国王亲驾位于兴仁门南面的"五间水门"巡视浚川现场。从图中可以清楚地看出英祖的御座位置、随行官员的模样、利用牛和牛车等工具进行河道疏通的劳工以及在暎花堂表彰有功者的场面。1760年，缎面彩绘，各幅20cm×28.6cm，藏于首尔大学奎章阁。

第八章

正祖的华城巡幸：壮观宏大的八日
—— 《园幸乙卯整理仪轨》

正祖的华城巡幸及其意义

1795 年闰二月九日凌晨，正祖从昌德宫出发前往华城。此次巡幸并不是正祖第一次到访华城。在 1789 年将其生父思悼世子的陵墓建于水原府属地花山下并命名"显隆园"后，正祖每年都会巡幸此地。然而，1795 年对正祖来说却是特别的一年，该年是其生母惠庆宫洪氏的花甲之年，且思悼世子与惠庆宫洪氏同庚，如果在世的话，当年本应与其一起享受花甲之宴。

此外，一年前开始施工的华城已初具规模，国王有必要亲赴现场视察。同时，在其即位近二十年之际，国王也非常有必要展现一下自己的威严。因此，正祖筹划了这场自李氏王朝开国以来最为盛大、庄严的活动。

正祖在位的 18 世纪后半期正是朝鲜社会的中兴时期，社会各领域都有非常明显的发展。同时期的国际社会也充满活力：美利坚合众国诞生，乔治·华盛顿成为第一届总统；法国爆发大革命，一个全新的资本主义国家登上了历史舞台；中国，乾隆皇帝（在位时间：1736~1795）即位，清朝迎来了开国以来最繁荣的时期。

这时的正祖以其出色的统治能力平息了造成其父亲一生悲剧的朝堂党争，欲以民主的方式包容儒生与百姓，主导工农业发展，建设朝鲜社会全新的经济秩序。同时，正祖为巩固王权，设置壮勇营，控制军权；倡导朱子性理学；从清朝引进新技术与经营模式，欲建设一个富强的近代化新式国家。

正祖的华城巡幸是实现这一梦想的试金石。正祖经常访问思悼世子的陵墓，体现出其对父亲的孝心。但陵园之行不仅是参拜显隆园那么简单。正祖在往返华城的途中，了解百姓疾苦，积极解决民怨，发掘人才并加以启用，且亲自巡视京畿道一带，检查首都周边的军事防御体系，随时调动士兵进行团体军事训练。

1795 年的华城巡幸，展现了正祖在位期间取得的丰功伟绩，加强了臣僚与百姓的凝聚力，促进了社会改革的步伐，是一场政治色彩浓厚的礼仪活动。正祖通过这次陵园之行，将追随父亲和自己的亲卫力量凝结在一起，意在宣告自己今后将以华城为中心实施改革的政治构想。

《园幸乙卯整理仪轨》的内容及其组成

《园幸乙卯整理仪轨》，顾名思义就是将 1795 年巡幸显隆园的过程加以整理而制成的仪轨。正祖在 1794 年十二月设置了主管此次巡幸活动的官署——整理所，所谓的"整理仪轨"也包含着"整理'整理所'业务的仪轨"之意。

《园幸乙卯整理仪轨》是最早使用金属活字印刷的仪轨。朝鲜时期的仪轨大部分都是直接手写和绘制的手抄本，但正祖为广泛宣传《园幸乙卯整理仪轨》，决定使用活字印刷，并为此次印刷特别制造了金属活字。1795 年制造出来的这些"活字"被称为"整理字"，"整理字"的问世有着这样的渊源，以致其后与正祖密切相关的大部分书籍都采用了活字印刷。1814 年纯祖用"整理字"印刷正祖文集《弘斋全书》，就是一个典型的例子。

《园幸乙卯整理仪轨》由卷首 1 卷、正文 5 卷、附录 4 卷，共 10 卷、8 册组

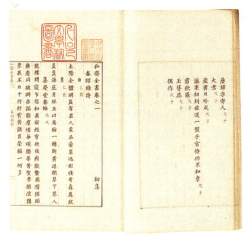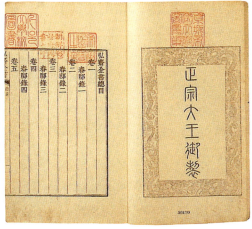

《弘斋全书》的手写本（左）和活字印刷本（右）

手写本是正祖十一年（1787）上呈给国王御览的，是为原件；活字印刷本是纯祖十四年（1814）用"整理字"印刷的。

成。卷首的内容主要是图式，包括华城行宫的全景图、奉寿堂的宴会图、宴会演奏的歌舞图，描绘出宴会上使用的人造装饰花、食器、服饰和在华城进行的重要活动的场面，此外还有活动中所用的轿辇式样及内部细节图，以及绘有行进队列全貌的班次图。这些图片是《园幸乙卯整理仪轨》的精华部分，由朝鲜王朝晚期著名宫廷画师金弘道率领数名画工将手绘的内容刻在木板上，然后印刷完成。

正文部分收录着此次活动中国王曾经下达的教命，与臣下的对话内容，仪式上使用的文稿，礼仪活动的程序，与活动相关的官吏及官署的书面报告，宴会事物的种类及筹备情况，国王与惠庆宫所乘轿辇的材料及制作费用，船桥的设置情况，参加活动的内宾（女客）及外宾（男客）名单，士兵的名单，等等。我们今天能够生动地再现正祖巡幸华城与召开宴会的场面，完全得益于这些翔实的记录。特别是分门别类整理的"财用"（财政支出明细）部分，详细记录着所有经费的来源与支出情况，对于了解当时的物价走向也有极大的帮助。

相当于附录部分的"附编"中记录着包括1795年六月

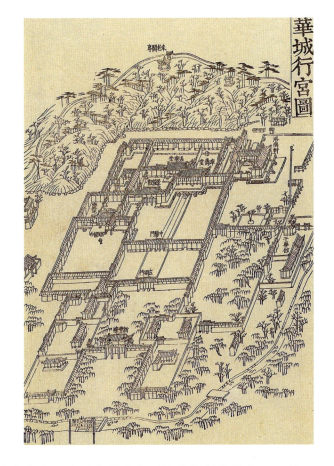

《华城行宫图》

从正门的新丰楼入内，经过左翼门、中央门，就可以看到通往奉寿堂的路。选自《园幸乙卯整理仪轨》。

十八日惠庆宫生辰当天在昌庆宫延禧堂举行花甲宴，一月二十一日思悼世子 60 岁花甲日当天正祖在安放其灵位的景慕宫中进行参拜，太祖李成桂的父亲桓祖诞辰八回甲（480 周年）之日正祖派遣官吏到永兴本宫祭奠，以及思悼世子 1760 年在忠清道温阳行宫栽下的银杏树满 35 周年之际，为纪念其长成参天大树而设立灵槐台碑并对太子的随行官员进行颁奖等内容。上述仪式，有的意在庆祝思悼世子与惠庆宫花甲之喜，也有的意在借此提高朝鲜王室的威严。

此外，有关正祖华城巡幸的记录还有很多。《园幸定例》是 1789 年以来定期将正祖每年华城园行的相关情况加以整

《奉寿堂进馔图》

惠庆宫洪氏在奉寿堂内举办花甲宴的场景。选自《园幸乙卯整理仪轨》。

理而成的书籍。记录 1795 年华城园行的《华城陵行图》被制成八副屏风，是将《园幸乙卯整理仪轨》中出现的主要活动场面用彩色颜料绘制而成的名品。《华城陵行图》屏风现分藏于韩国德寿宫宫中遗物展示馆、韩国湖严美术馆、日本东京大学文学部博物馆等地。此外，奎章阁中还保存着名为《华城园幸班次图》的彩色卷轴，这幅卷轴与《园幸乙卯整理仪轨》中的班次图内容相同，唯一不同的是《园幸乙卯整理仪轨》中绘图的角度是队列侧面，而此画轴的绘图角度则是队列后方。

正祖下达的陵行行动指南

正祖为避免华城陵行给百姓带来困扰，同时也为节省费用，下达了如下指令。

◎ 禁止从偏远地区采购珍贵食材。

◎ 按民间习俗准备食物，杜绝奢侈与浪费。

◎ 禁止各驿站以个人名义进献物品。

◎ 舞生应从隶属内医院、惠民署、工曹、尚房的人员以及华城的官伎中选拔，禁止从各道选拔。

◎ 乐工与舞生的服饰干净即可，无须华丽。

◎ 国王的御膳桌不得超过 10 个碟盘。

◎ 宴会音乐力求简洁，将汉城府及华城的乐器修缮后使用即可。

陵行路线的变更

1789 年思悼世子的陵墓迁到显隆园后的第一次的陵园之行，正祖选择了经过果川抵达华城。从昌德宫出发抵达鹭梁津后的行走路线如下。

◎ 鹭梁津的船桥—鹭梁行宫（龙骧凤翥亭）—万安岘—金佛岘（现崇实大学校附近）—祠堂十字街—南泰岭—果川行宫（稳稳舍，宿一晚）—冷泉岘—仁德院十字街—肆觐站行宫—迟迟台岘

但是，按这条路线走的话，必须越过在当时看来比较险峻的南泰岭，并且还要经过不属于果川地界的冷泉岘，那里有正祖不喜欢的人物——金若鲁（1694~1753）的坟墓，他是与思悼世子的死有密切关系的老论派领袖金尚鲁（1702~？）的哥哥。因此，正祖变更了陵行路线，开辟出一条从始兴到水原的路线（今韩国 1 号国道）。

◎ 鹭梁津的船桥—鹭梁行宫—蕃大坊坪—文星洞—始兴行宫（宿一晚）—大博山—万安桥—安养站—军浦川大桥—晴川坪—院洞川—肆觐坪—肆觐站行宫—迟迟台岘

《华城园幸班次图》和《园幸乙卯整理仪轨》班次图

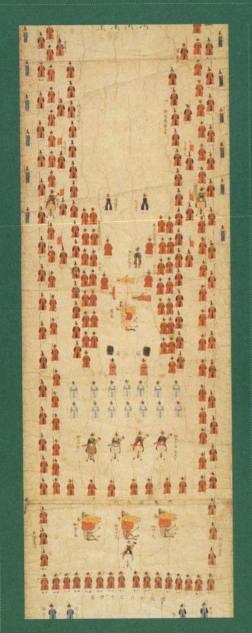

《华城园幸班次图》（部分）

此图记载了正祖十九年（1795）陪伴其母亲惠庆宫洪氏巡幸华城的场面。图中的御驾队伍长达15.36米，国王与惠庆宫的轿辇、各部门参与人员、仪仗旗、乐队等都排列整齐，呈现出盛大隆重的庆典场面。

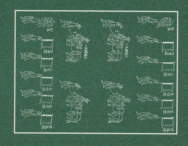

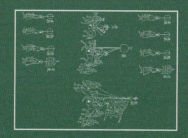

《华城园幸班次图》（左）与《园幸乙卯整理仪轨》班次图（右）对比

　　两幅图的内容与排列相似，但在以下两方面有所不同：一是绘制角度，《园幸乙卯整理仪轨》班次图是从队伍的侧面绘制的，而《华城园幸班次图》则是在队伍的后面绘制的；二是制作方式，《华城园幸班次图》是在"韩纸"上用天然颜料绘制而成的，而《园幸乙卯整理仪轨》班次图则是用木版印刷而成的。

按照日期整理的主要活动

1795 年闰二月九日，由昌德宫出发的正祖的巡幸队列正式步入了八天七夜的行程中。那么，园幸过程如何？ 让我们看一下当时在华城的主要活动安排吧。

正祖华城巡幸的准备工作是从 1794 年十二月开始的。首先，成立了主管此次活动安排的整理所，并筹集了此次活动需要的十万两经费，这些经费全部来自政府的"还谷"①利息。同时，为花甲之年的惠庆宫洪氏专门设计并制作了两顶适合长途旅行的轿子，活动中所用的绸缎均来自中国，镜子则来自日本。另外，新修建了能同时容纳 1800 余人行进的始兴路，在汉江上建造了既安全又省钱的船桥。

正式活动是在 1795 年闰二月九日开始的。班次图上显示的人员为 1779 名，但如果加上先行前往准备和路边待命的人员，实际人数则多达 6000 余名。凌晨从昌德宫出发的队列经鹭梁津的船桥到达鹭梁行宫（龙骧凤翥亭），在鹭梁行宫用过午餐，傍晚时分到达始兴行宫，并在此过夜。仪轨上清楚地记载着休息时所用零食的种类，午餐时的碟盘数量、所用食材与食物的高度，以及餐桌装饰花的数量。

第二天，即闰二月十日，队伍由始兴行宫出发到达晴川坪，休息过后即前往肆觐站行宫享用午餐。中午时，开始下雨，正祖督促赶路，途经真木亭稍事休息后，于傍晚时分到达华城行宫。队伍到达华城长安门时，正祖换上盔甲，按照规定进入营门，这一举动说明正祖的华城巡幸同时还包含了"军事训练"这一层面的意义。

第三天，即闰二月十一日清晨，正祖来到华城乡校的大成殿参拜。上午，回到洛南轩，以水原和附近的居住者为对象分别进行了文武"别试"②，选出文官 5 人，武官 56 人；下午，正祖来到奉寿堂，亲自督促花甲宴的准备工作。之前为节省活动开支，正祖曾经决定宴会上用缝工和医女代替舞技娴熟的艺伎进行表演，

---

① 古代青黄不接或是灾年的时候，政府会借给百姓粮食，并在秋收时加息收回。——译者注

② 朝鲜时期除科举考试外临时进行的一种考试，一般逢丙年和盛事时进行。——译者注

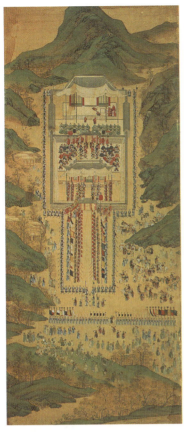

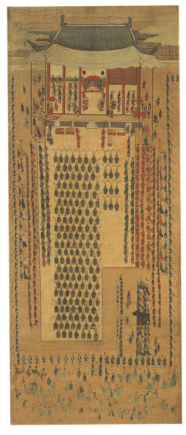

《华城圣庙展拜图》　　　　　《洛南轩放榜图》

但看了预演之后，仍感觉有些担心。

闰二月十二日清晨，正祖一行来到显隆园进行参拜。第一次来到丈夫坟前的惠庆宫洪氏悲痛无比，正祖见此非常着急，不知所措。下午，正祖登上华城的西将台亲自指挥了白天及夜间的军事训练。这次军事训练动员了在华城驻军的5000余名亲卫军参加，是对残留于首尔的反叛势力的一次示威。

闰二月十三日，举行了此次巡幸活动最精彩的部分——花甲宴。仪轨上记载了宴会场所的用具及座位布局、仪式过

《西将台夜操图》

《奉寿堂进馔图》

程、参加宴会的 13 位女宾和 69 位男宾的名单，同时，宴会上表演的音乐和舞蹈、提供给客人的菜品数量及种类、所需经费等事项也被一一记录在册。

　　闰二月十四日，向华城的穷困百姓开仓施米。上午，在洛南轩举行了养老宴，参加宴会的有来自首尔的 15 名陪同官员以及华城当地的 384 名老人，正祖的餐目与老人们的餐目相同。养老宴结束后，此次华城巡幸的正式活动全部结束。正祖休息过后，于正午时分来到访花随柳亭，视察了华城的筑城工事，下午在得中亭参加了射箭活动，这一日，正

《洛南轩养老宴图》

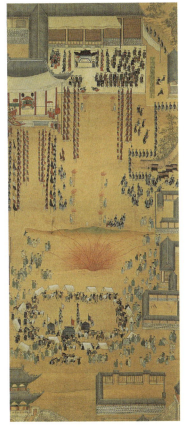

《得中亭御射图》

祖的射箭成绩是参与者中最好的。

　　闰二月十五日，启程返回首尔。正祖按照来时的路线，首先到达始兴行宫，留宿一晚后于翌日经过鹭梁回到首尔。从始兴行宫出发的时候，正祖想亲自确认一下是否有民怨，于是召见百姓，听完诉说后，了解到当年征收了两遍户役（按照户头征收的赋役），于是对百姓承诺予以解决。

《还御行列图》　　　　　　　　《汉江舟桥还御图》

班次图中窥队列

　　《园幸乙卯整理仪轨》中有关正祖巡幸队列的班次图长达 63 页。此班次图是在画师檀园金弘道的指挥下，由金得臣、李寅文、张汉宗、李命基等当时的一流画工绘制而成，显示了鼎盛时期真景文化之精髓。以正祖和惠庆宫洪氏为中心的队列，随行人员多达 1779 名，马匹数达 779 匹，其中乐队人数为 115 名，手持各种仪仗用旗帜的人数为 238 名。

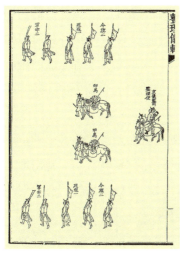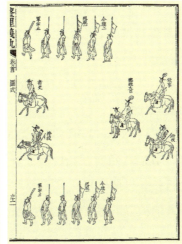

　　从图上看，队列整体井然有序，各个人物的表情及动作、持旗人员的挥旗程度等都活灵活现，表现得淋漓尽致。《朝鲜王朝实录》中描述正祖时期的政治："凡事必教以义方，宫闱之间，严肃整齐，而和气融洽，各尽其道，一宫上下，孰不悦服于教化也？"班次图中体现的也是同一氛围。

　　现在，让我们跟随班次图，探访一下那日的行进队列。

　　走在最前列的是京畿道监事徐有防[①]，之所以由他走在最前列是因为此次巡幸的目的地是其管辖区域——京畿道华城，徐有防既是整理所的整理使又兼任京畿道监事，所以由他担任引领队列前行的任务。紧随其后的是总管巡幸活动的总理大臣蔡济恭[②]。蔡济恭是当时最得正祖信任的政治权要之

[①]　徐有防（1741~1798）历任大司成、大司谏、大司宪等三司之首，曾经担任过主管人事的部门——吏部和兵部的判书，其权力在正祖时期达到顶峰。曾经参与谚解并刊行宣扬正祖政策合理性的《续明义录》。

[②]　蔡济恭（1720~1799）是通过翰林会圈成长起来的官吏。他冒死反对思悼世子的罢黜，从而取得了英祖的信任。曾经负责过正祖在王世孙时期的教育，后来又主管水原城的筑城防御工事，是正祖推行改革的核心人物。

一，也是正祖的亲信，他曾经积极推动正祖生父思悼世子的复位，并对华城的防御工事给予了极大支持。紧随蔡济恭之后的是 84 名别骑队成员以及手持各种旗帜的士兵，再往后则是手持铜锣、喇叭、号笛、奚琴、杖鼓、大鼓、笛子等乐器的乐队成员。正祖的巡幸队伍里，多处设有乐队，乐队的存在使队列的步调更加一致，同时也使队伍看起来更加威严壮丽。

乐队后是手持兵器的训练大将和禁军别将，后面则跟着在差备宣传官①的护卫下运送国王御宝的马匹。其后是负责在花甲宴上表演舞蹈的 18 名宫女，她们都用薄纱遮面，骑马缓缓前行——以前的宫女只要出了宫门，都要佩戴面纱。宫女们的后面则跟着在次知将校②的护卫下运送惠庆宫服饰的马匹。

现在，国王的轿辇出现了。轿前是由守御使③沈颐之率领的 50 名骑兵，同时，在鳞次栉比的各种仪仗旗之间，有 4 匹牵引国王轿辇的预备马，其后是国王准备乘坐的御驾，但实际上正祖并未乘此轿辇。御驾之后，则是象征王权的龙旗，龙旗规模巨大，由 5 名士兵共同举起。随后是由 51 人构成的吹奏乐队，他们是从壮勇营中选拔出来的人才，维持着队列的秩序。再往后是训练都监和壮勇营的招摇旗，这是一面调动军队的军令旗。正祖巡幸期间，军事训练随处进行，在华城西将台上的军事演练就是其例。

队列的中央是惠庆宫洪氏乘坐的轿辇。轿辇前设有马车，载着惠庆宫的专用水刺架子④，护卫水刺架子的人员正是惠庆宫的娘家侄子洪守荣。其后是牵引惠庆宫轿子的 8 匹预备马和运送正祖铠甲的 2 匹马。随后，在训练都监指挥的挟辇军 80 人和武艺厅枪手 80 人的严密护卫下，惠庆宫的轿辇"慈宫驾轿"出现了。惠庆宫轿辇周围由 6 名别监护卫，他们都是武艺出众的高手。负责护卫王室重要人物的别监是相当威风的。

正祖实际骑乘的御马位于惠庆宫的轿辇之后，由 30 名武艺厅士兵和 30 名巡逻军严密布防，周围同样由 6 名别监护驾。此次巡幸有母亲同行，故而正祖没有乘坐

---

① 为应对特殊公务而临时任命的宣传官。
② 负责特殊物品的军官。
③ 负责都城防御的五军营之一，以京畿道广州的南汉山城为据点。
④ 盛放食材的用具。——译者注

惠庆宫洪氏乘坐轿辇各部

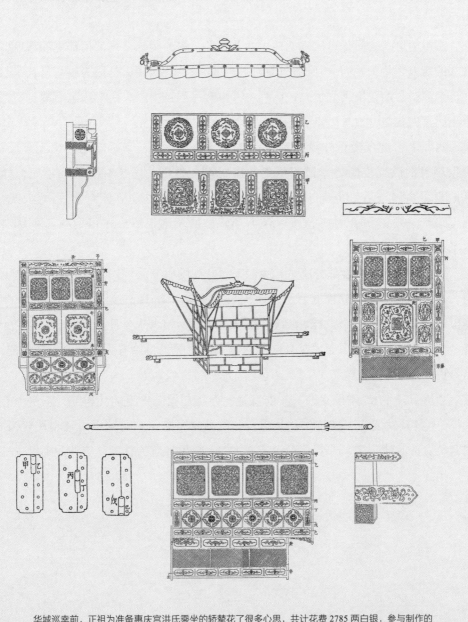

　　华城巡幸前，正祖为准备惠庆宫洪氏乘坐的轿辇花了很多心思，共计花费 2785 两白银，参与制作的人员多达 120 名。轿辇长 5 尺 4 寸，宽 3 尺 5 寸，两端与马鞍相连，前后各由两匹马牵引而行。选自《园幸乙卯整理仪轨》。

轿辇。由于当时的惯例，班次图上并没有绘制正祖骑马的威容。如今我们只能通过御真即国王的画像来了解国王的容貌，但遗憾的是正祖的御真直到现在也没有被发现。

正祖的御驾之后是惠庆宫的两个女儿，即正祖的胞妹——清衍郡主和清璇郡主共乘的双人轿辇，她们分别比正祖小两岁和四岁，此次同去是因为要与兄长一起操办母亲惠庆宫的花甲宴。但是，队列中并没有见到正祖的夫人孝懿王后的身影，作为惠庆宫的儿媳，她本应出现在花甲宴上。这是为什么呢？

实际上，迄今为止并没有发现孝懿王后缺席此次巡幸活动的任何文字说明，但据当时的政况推断，孝懿王后的缺席很可能是因为考虑到英祖的继妃，即正祖的祖母贞纯王后。贞纯王后是导致思悼世子死亡的政治势力之一，参加这样的巡幸活动显然不合时宜，所以作为孙媳妇的孝懿王后极可能留在宫中侍奉贞纯王后。

现在，队列的中心部分已过，我们来看队列的后方。首先紧随其后的，是由壮勇营高位军官率领的分排五列、共计96人的壮勇卫士兵，接下来可以看到奎章阁阁臣、承政院注书①、艺文馆翰林等文官要员，以及相当于今日总统主治医生的药物待令医官，后面则是华丽的仪仗旗部队以及由壮勇大将徐有大带领的4名将校、2名胥吏和10名牙兵②。

壮勇营是1785年设立的，其前身是专门担任国王护卫的壮勇卫，正祖十七年（1793）将其发展为一支称作"壮勇营"的独立军队。壮勇营由内营和外营构成，内营负责都城的防御，外营负责华城的防御，壮勇外营的首领壮勇外使则由华城留守③担任。

---

① 承政院下置的七品官吏，负责书写承政院日记。——译者注
② 牙兵是朝鲜后期设置的兵种，为大将的随行人员。——译者注
③ 朝鲜时期，治理首都以外要地的正二品官员。——译者注

惠庆宫洪氏进馔宴场景再现

　　图片为在复原的华城行宫中再现的惠庆宫洪氏花甲宴场景。从上而下的图片分别为：正祖经过新丰楼进入奉寿堂、惠庆宫入场、正祖在奉寿堂月台上向惠庆宫敬酒、正祖为惠庆宫致辞。正祖向惠庆宫敬酒致辞后，惠庆宫对答"与殿下同庆"。ⓒ水原市华城事业所

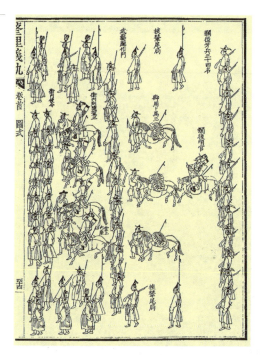
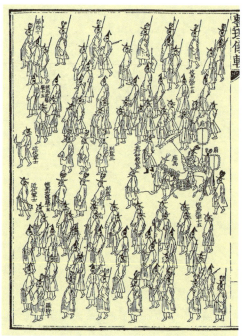

正祖的坐骑与 66 位随从人员

正祖的御驾有 30 名武
艺厅士兵与 30 名巡逻军随
行，坐骑前由 6 名别监护
卫。选自《园幸乙卯整理
仪轨》。

壮勇营士兵之后是相当于国王秘书长的都承旨李祖源与
其他三名承旨①，然后是奎章阁的阁吏和阁臣各两名，由壮勇
营提调李命植率领的经筵官 2 名随后而行。再其后是 50 名
从龙虎营中遴选的驾后禁军②、规模巨大的标旗以及 9 名从各
军门中选出的武士、兵曹判书沈焕之带领的将校③。队伍的末
尾有分排五列的 25 名禁军，其后是哨军（警卫兵）。整支队
伍长达十里。

---

① 朝鲜时期承政院的正三品堂上官。——译者注

② 担任有国王参与的行列队伍的后方警卫工作。

③ 朝鲜时期隶属各地方军营的军官。——译者注

壮勇营士兵守备场景再现

照片摄于复原的华城行宫正门新丰楼前,分别为正祖登上新丰楼观看射箭训练(上图)与守备城门的壮勇营士兵(下图)。
ⓒ Dolbegae 图书出版

第九章

朝鲜王朝文化鼎盛期的宏伟工程记录
——《华城城役仪轨》

　　1794 年，即朝鲜太祖李成桂将朝鲜王朝的都城迁到首尔后的第 400 年，正祖开始在首都圈的南方要地——水原地区建设华城。整个工程耗时两年，平均每年动员人力达 70 余万名，工程费用高达 80 余万两白银。

　　正祖对华城的关注始于 1789 年，那时正在建造思悼世子的陵园——显隆园。思悼世子的陵园最初是在杨州的拜峰山（现首尔市立大学的位置），称为永祐园。但正祖始终觉得此处不尽如人意，便将父亲的陵园迁至有着"龙戏如意珠"①之寓意的天下第一风水宝地——华山脚下。显隆园的选址位于水原府衙所在地，于是正祖就将原来的水原府衙迁至现在的华城，并开始筹建朝鲜时期最大的行宫——华城行宫。

---

① 　正祖十四年（1790）下令重修位于京畿道华城的一座佛教寺院——葛阳寺，落成之日，正祖梦见龙衔如意珠升天而去，遂改寺名为龙珠寺。正祖孝心极笃，迁其父陵墓至此，名为"显隆园"。——译者注

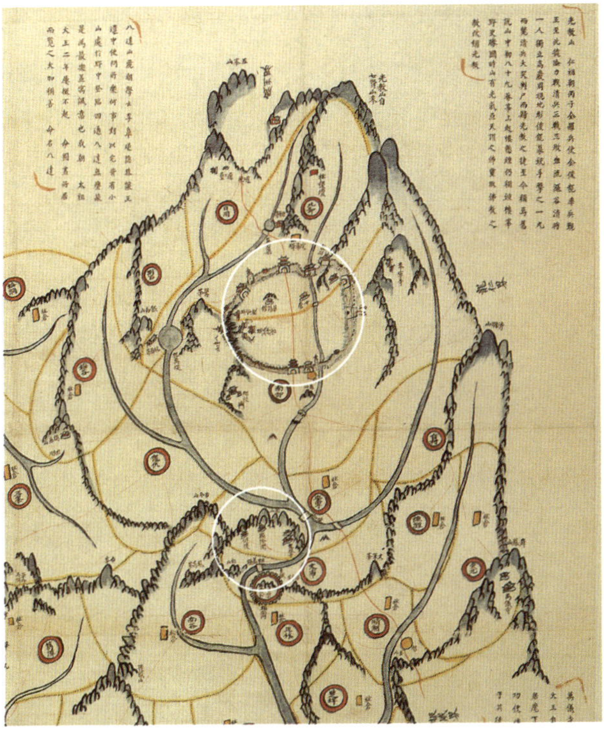

《水原府地图》

高宗九年（1872）制作的《水原府地图》。地图上出现了正祖朝时建造的华城城郭、华城行宫、思悼世子显隆园、正祖健陵以及龙珠寺等地名。

1793 年，正祖将水原更名为华城[1]，设留守府。所谓留守府是指中央派高官到地方进行治理的行政区域，相当于今天的直辖市。

朝鲜时期，除华城外，还设置了开城、江华、广州等三个留守府，这些留守府以首尔中央府为中心，环布其四周，构成了朝鲜后期的“首都圈区域”。

设置留守府之后，1794 年华城筑城工事开始启动，同时，正祖开始建造新水原的城郭并营造行宫。是年，如果思悼世子

---

① “华城”一语出自《庄子·天地篇》中的“华封三祝”这一故事。华州人祝愿上古贤者唐尧寿延、富有、多子。但唐尧认为，多子就多了一层忧惧，多财就多出了麻烦，寿命长就会多受困辱，这三者都无助于培养无为的观念和德行，应以养德为先。所以‘华城’一语包含着两层不同的含义，即在百姓的立场上要祝愿王室多子、多财、多寿，但在国王的立场上要像唐尧一样注重养德。

在世的话，应该和惠庆宫洪氏一样都是 60 岁。华城筑城工事体现了正祖掌权二十年后，王权趋向稳定、文化趋向繁荣的社会状况，同时也预示着朝鲜王朝文化鼎盛期的到来。

《华城城役仪轨》的内容

《华城城役仪轨》是在华城城郭筑造之后所记录的关于此项工程的仪轨。华城的筑城工程始于正祖十八年（1794）一月，止于 1796 年九月。始建之时，预计工期为十年，但实际上只耗时两年有余。华城城役工事之所以能如此快速地提前完成，完全归功于正祖强烈的意志、辅助大臣们的智慧以及当时朝鲜王朝的雄厚国力。

《华城城役仪轨》的编纂始于 1796 年九月，当时华城筑城工事刚刚结束。遵循惯例，每当国家要事结束之时，都要设立仪轨厅编纂仪轨，这一次也不例外。是年十一月九日，《华城城役仪轨》初稿完成，但是由于此仪轨在体制上与之前完成的《园幸乙卯整理仪轨》不同，随即进入修改阶段，并于 1800 年五月正式完成，进入印刷阶段。但是，是年正祖的突然离世使得印刷事宜中断，直到 1801 年九月，活字印刷版的仪轨才最终付梓成册。《华城城役仪轨》与《园幸乙卯整理仪轨》一样，

《华城城役仪轨》

此仪轨完成于华城竣工之后，记录了华城筑城工程的相关内容。筑城工程开始于正祖十八年（1794）一月，1796 年九月结束。此仪轨于 1796 年完成初稿，1801 年采用活字印刷普及开来。仪轨中收录了与筑城有关的公文、参与人员名单、所需物品明细、建筑设计等相关内容和图片。藏于首尔大学奎章阁。

都使用整理字进行印刷，这主要是考虑到正祖对金属活字的特殊情感。

《华城城役仪轨》的记录对象是斥资 80 余万两白银完成的巨大工程，所以相对于其他仪轨而言，篇幅较长。并且，正祖朝正值朝鲜王朝的"文艺复兴期"，而 1790 年更是朝鲜王朝"文艺复兴"的鼎盛时期，所以此时编纂的仪轨，其内容更加丰富细致。《华城城役仪轨》共 10 卷 9 册，其中包含卷首 1 卷、正文 6 卷、附录 3 卷。卷首的内容包括说明《华城城役仪轨》体例的凡例，建造华城、编纂仪轨、印刷仪轨时的人员名单以及图说等。卷首还收录了描绘华城全貌的《华城全图》和包括华城四大门、暗门（秘密通道）、用火把传递信号的烽墩等设置在城墙上的所有设施在内的内部细节图，同时也一并收录了华城行宫、社稷坛、文宣王庙（供奉孔子牌位的神堂）、迎华驿等华城周边的建筑与设施图。1975 年，政府主导下的华城城郭复原工程开始启动，不过短短三年时间，华城城郭便复归原貌，这不得不归功于这幅《华城全图》。

正文伊始部分收录着《御制城华筹略》，这可以看作是华城建设的基本规划书。《御制城华筹略》由丁若镛①起草，正祖对此进行了简单的修订。此规划书对城郭的周长、高度、建筑材料以及城郭周边的水渠等做出了设计，但是华城筑城并没有严格按照既定的方案进行。例如，《御制城华筹略》中原定城郭的周长为 3600 步，而实际周长则为 4600 步，这是因为原规划书中计划将东门周边的民众置于城外，而实际筑城过程中则把百姓们都移到了城内的缘故。

此外，正文部分还收录有与筑城相关的国王命令文书和君臣对话记录、参与筑城的官吏及匠人的奖品细目、各种仪式的程序、工程期间各部门的往来公文、工匠名单，乃至所需物资的数量及单价等。

正文部分最能反映出古代韩国的记录精神。工匠的名单上记录了 1800 余名参与筑城的技术工人，其中包括石匠、木匠、泥匠（和泥抹墙的工匠）、瓦壁匠（制作砖瓦的工匠）、画工等工种。从"崔无应述""安乭伊""柳乭金"等名字来看，大都是一些身份低下的人。各人名下分别记有出工天数，其中甚至有出工半天的记载，同时还记载了工钱支付的相关情况。在这部记录国家要事的报告书上，竟出现了平民的名

---

① 丁若镛（1762~1836）是朝鲜后期实学思想集大成之人物。在其实学思想的指导下，汉江舟桥建设得以竣工。他发明了建筑用"举重机"，引进了西方筑城方法，参与设计了华城筑城方案，为华城筑城工程提供了技术方面的有力支持。

字，并且还将他们的工作量及报酬记载得如此详细，不得不说是令人吃惊的。

附录部分详细记录了与华城相关的各种建筑物的规模、位置以及各自所耗经费等，同时还记录着1795年正祖的华城巡幸活动以及正祖所作的文章等，这一部分与《园幸乙卯整理仪轨》有所重复，可能是后期修订过程中追加的内容。

1965年，水原文化遗产管理中心将《华城城役仪轨》影印成书一册，1994年，首尔大学奎章阁又将其影印成书三册并予以发行。1978~1979年，水原市翻译并发行了《国译华城城役仪轨》，许多研究者如今使用的正是这一版本。①

美丽而科学的城市格局

华城背倚西部的八达山，位于城郭中心位置的华城行宫面东而立。平日里华城行宫是华城留守处理政务的官厅，在国王巡幸的时候则作为临时宫殿使用。行宫的主要建筑物包括奉寿堂（48间）、长乐堂（25间）、景龙馆（10间）、福内堂（20间半）、维与堂（50间半）、洛南轩（13间）、老来堂（7间）、得中亭（20间）、新丰楼（8间）。

华城四大门

华城四大门分别为苍龙门（东）、华西门（西）、八达门（南），长安门（北）。为加强防守，这些大门外都建有半月形的瓮城②。从首尔去华城时，经北门——长安门而入，从京畿道南部地区去华城时则从南门——八达门而入。所以四大门中长安门和八达门的规模比苍龙门和华西门更加宏伟壮大，八达门周边的市场一直延续至今。

---

① 将由汉字记录的仪轨翻译成谚文。——译者注
② 城门外修建的半月形护门小城。——译者注

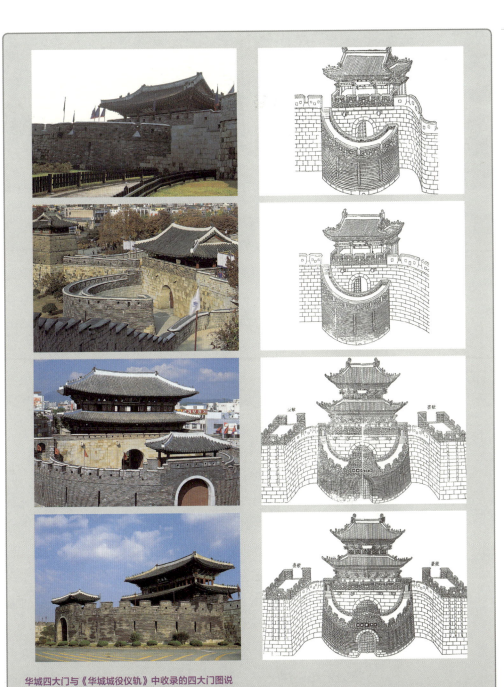

华城四大门与《华城城役仪轨》中收录的四大门图说

从上至下依次为苍龙门（东门）、华西门（西门）、八达门（南门）、长安门（北门）。选自《华城城役仪轨》。

ⓒ Kim sung-chul

宫殿名字起作"长乐堂"与"奉寿堂"，蕴含着祈愿惠庆宫洪氏平安与长寿的美好寓意。ⓒ水原市华城事业所

　　奉寿堂是行宫的中心建筑物，有着"祈愿长寿"的寓意，同时也是惠庆宫洪氏举办花甲宴的场所。这里原来悬挂的是正祖的亲题匾额"壮南轩""华城行宫"，由于惠庆宫的花甲宴要在这里举行，正祖又重新题写匾额"奉寿堂"悬挂于此。洛南轩是1795年对水原和附近儒生进行临时科举考试的地方，现位于新丰小学围墙内，是正祖时期建造的华城行宫建筑物中唯一保存至今的。老来堂寓意"老后归来"，从字面意思推断，应该是正祖将王位传给世子之后想要居住的地方。

　　华城城墙长约5公里，城墙上的辅助设施多种多样，其中包括内楼4处、暗门（秘密通道）5处、水门2处、敌台（观察敌人动向的地方）4处、弩台2处、空心墩（观察敌情、攻击敌人的地方）3处、烽墩（烽火台）1处、雉城（城墙的一部分突出在外，用以攻击接近的敌人）8处、炮楼（发射火炮的地方）5处、舖楼（军事待命所）5处、将台（军事指挥台）2处、角楼（监视敌军或临时休息的地方）4处、舖舍①3处。

　　西将台是设于八达山顶峰的军事指挥所，上面悬挂着正祖的亲题匾额——"华城将台"。来到西将台上，华城全景

---

①　小型炮楼。——译者注

华城行宫复原前后的匾额对比

收藏于韩国国立故宫博物馆的匾额真品与行宫复原后悬挂的复制品的比较。"奉寿堂""壮南轩""华城行宫"等匾额字样均为正祖御笔。ⓒ韩国国立故宫博物馆·Dolbegae 图书出版

奉寿堂

壮南轩

长乐堂

华宁殿

华城行宫

《西将台图》（左）

　　1795 年在华城巡幸的
正祖登上西将台指挥军事训
练。选自《华城城役仪轨》。

《西将台城操图》（右）

　　1795 年，华城西将台
的军事操练从白天一直持
续到夜间。选自《华城城役
仪轨》。

尽收眼底。1795 年华城巡幸时，正祖曾在此指挥军事训练、
检阅士兵。

　　位于东北角楼的访花随柳亭是欣赏美丽风光之处，非
常时期也用作军事指挥所。有"寻花逐柳"之意的亭子被
建于悬崖峭壁之上，下方建有一个半圆形的龙渊，龙渊中
心岛上种植的柳树与亭子遥相呼应，遂形成了华城最美丽
的风景。在访花随柳亭上不仅可以看到华城的西将台、长
安门、东将台，就连远处光教山和冠岳山的山脚也一览
无余。

　　华城是朝鲜王朝传统筑城法与中国传来的新建筑技术相
结合的产物。在此之前，朝鲜大多是土基打底上铺石块建成
的石城，城郭则主要用花岗岩筑成。朝鲜时期的花岗岩虽结
实耐用，但由于重量非同一般，搬运起来很不方便，再加上
石头规格不一，想要筑城必须一一打磨才能使用。

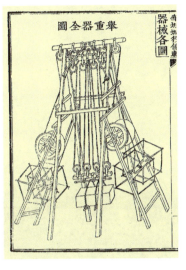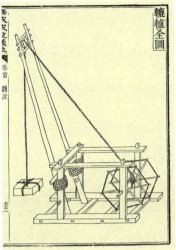

　　而华城筑城时使用的却是砖块。朴趾源①和朴齐家②都是积极主张从清朝引进新文明、新思想的北学论学者，他们从清朝引进的新器物中就包括砖块。砖块不仅坚固耐用，而且规格统一，便于建造。华城包括四大门在内的主要建筑物都是用砖块建成的，而城郭墙体使用的依旧是花岗岩。

　　华城筑城也运用了西方的科学技术。建筑城郭墙体时，需要很多石块，为有效地搬运这些石块，设计了举重机和辘轳。

　　举重机是利用多个滑轮将重物用相对较少的力量举起并安放的一种装置。为建设华城而设计举重机的第一人是丁若镛。他的设计受到德国人（此人的中国名为邓玉函）的《器机图说》的启发，这本书被收录在 1776 年正祖从清朝购入

---

①　朴趾源（1737~1805），号燕岩，是倡导"利用厚生"的北学派代表人物。其著作《热河日记》中的《渡江录》一文显示出他对城制和砖块使用方面的兴趣。

②　朴齐家（1750~1805），曾在朴趾源的门下学习实学。他主张从清朝引进先进器物，著有《北学议》一书，其中记载了其在清朝时的所见所闻。

华虹门与访花随柳亭

在大川②流入城内的入口处，用以泄洪的闸门之上矗立着一座楼阁，这就是华虹门。华虹门东边的龙岩上用以观察四周、观赏景致的建筑，即访花随柳亭。ⓒ Kim sung-chul

的《古今图书集成》①中。可以说，举重机是丁若镛运用从西方传入中国的科学技术发明而成的，他发现如果上下加上 8 个滑轮的话，就可以增加 25 倍的力。

辘轳也是利用滑轮将重物抬高放低的设施，只是举重机用的是多个滑轮，而辘轳只用一个滑轮，即"定滑轮"。辘轳在华城筑城完工后，仍被运用于各种工程中，在重建昌德宫仁政殿以及国王棺木入土时，都起了非常大的作用。

---

① 清朝时编纂的中国最大的百科辞典。分为历象（记录天文等）、方舆（记录地理、风俗等）、明伦（记录帝王、百官等）、博物（记录医学、宗教等）、理学（记录文学等）、经济（记录科举、音乐、军事等）六个汇编。
② 大川是指自北向南贯通水原城的一条溪流。——译者注

今天的华城

从收录在《华城城役仪轨》中的《华城全图》中，我们可以充分领略到这座建于18世纪后期的新都市的美丽。此图由画工严致旭绘制完成，参与《华城城役仪轨》绘图部分的画工除严致旭外还有崔凤寿、金弼光、姜致吉、迟相达等，另外还有一些僧侣也参与了绘画。《华城全图》是在斜角俯瞰的角度下，以流经八达山脚下的柳川①为中心绘制的华城全景，城郭以及城内主要设施的名字都予以标注。从图中我们可以清楚地看到八达山顶的西将台、八达山下的华城行宫以及行宫前从长安门到八达门之间大路两边的住户。

《华城全图》

　正祖朝时建造的华城。为了将原来居住于苍龙门一带的百姓纳入城内，将苍龙门向外延伸出一部分。选自《华城城役仪轨》。

① 柳川是华城内流经八达山脚下的河流，因河边种柳而得名。——译者注

今天的华城不仅包括《华城全图》中的建筑和设施，同时也纳入了其他区域。华城行宫旁边有正祖的祠堂——华宁殿，华城周边有为保障农业用水而建的万石渠（日旺贮水池）、祝万堤（农村振兴厅西面的湖泊）、万年堤（隆健陵附近的安宁里）等人工湖泊及设施。此外，华城还有思悼世子的陵墓——隆陵和正祖的陵墓——健陵，其侧还有正祖时期重建的王室原刹①——龙珠寺。

1796 年八月十九日，为庆祝华城竣工，在华城行宫内举办了落成典礼暨宴会。此次宴会上，金弘道绘制的十六副屏风被一并展出，这就是分别绘有十六处华城著名春景和秋景的《华城春八景》和《华城秋八景》。这十六幅画作大都

---

① 原刹是指创建者为自己祈愿或为故去的人祈求冥福而建立的寺院。——译者注

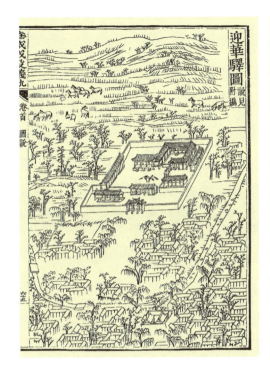

已经流失，现今只有被认为是其中一部分的画作藏于首尔大学博物馆，即《西城羽猎图》和《闲亭品菊图》。此外，《华城城役仪轨》上也留有这些画作的踪迹，通过《迎华亭图》（描绘了花木茂密的万石渠风景）我们可以想象出"石渠黄云"的景色（万石渠的金色田野），观赏《迎华驿图》（描绘了迎华驿建筑和漫步于后面田野的马儿）我们的眼前也可以浮现出"华邮散驹"的画面。

1975 年，政府根据《华城城役仪轨》的记录，启动了华城城郭修复工程，华城大部得以复原。1994 年，水原市政府启动了华城行宫的修复工程，行宫的主要建筑物得以复原。从正祖怀揣远大梦想建设华城之日起直到今日，两百多年岁月悄无声息地流去，对现今散落于水原市和华城郡一带的文化遗址的发掘、保护、修复工作，确是当下应该面对的问题。

《迎华驿图》（左）

　　将首尔南部的重要驿站之一"良才驿"搬至华城，是当时华城城市规划发展的一项重要举措。选自《华城城役仪轨》。

《迎华亭图》（右）

　　长约 2 尺的船悠闲地徜徉在万石渠上，其上方的建筑即为迎华亭。选自《华城城役仪轨》。

华城城郭和行宫的复原

1796 年完工的华城城郭经过岁月的洗礼，原城墙及建筑物均已倒塌；朝鲜战争之后，门楼也遭到破坏。

自 1975 年启动城郭修复工程，经过三年的时间，华城以崭新的面貌呈现于世人面前。华城修复工程主要是依据《华城城役仪轨》完成的。但是，由于当时华城遗址的一部分被市区商业街占据，所以从八达门到东南阁楼共 491 米内的区域以及位于城中央的行宫并未得到复原。

1996 年水原市为纪念华城筑城 200 周年，重新启动了华城修复工程，将被华城四大门周边的道路隔断的城郭重新连接起来，重新布置了城郭周围的环境，华西门旁断开的城墙也得以重新连接。

水原市于 1994 年启动了华城行宫的修复工程。当时，由奉寿堂、长乐堂、洛南轩、新丰楼等 33 栋建筑构成的华城行宫旧址被水原医疗院、水原中部警察署、新丰小学等占据，只有洛南轩的建筑在新丰小学的校园一隅孤零零地矗立着。2000 年，在水原医疗院等撤出的位置上，复原了奉寿堂等行宫的主要建筑，华城修复工程得以继续进行。

1997 年 12 月，华城被确定为世界文化遗产，华城城郭和行宫的修复工程迎来了新的转机。但是，华城行宫的完整修复、八达门一带城郭的整修、南水门修复工程、老松路的松树保护和培育工程还有待进行。

华城行宫平面图

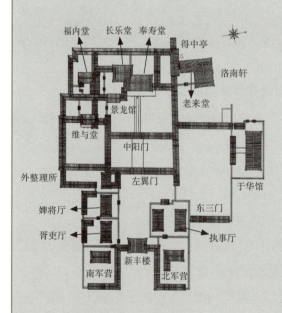

华城行宫的复原与挖掘现场

复原后的华城行宫全景

　　位于现新丰小学位置上的原华城行宫东三门和于华馆将于近期复原。

华城的名胜古迹

华城春八景

花山瑞霭，柳川青烟，午桥寻花，吉野观桑，新丰社酒，大有农歌，华邮散驹，河汀泛鹭。

华城秋八景

虹渚素练，石渠黄云，龙渊霁月，龟岩返照，西城羽猎，东台画鹄，闲亭品菊，阳楼赏雪。

现水原八景

光教积雪，北池赏莲，华虹观涨，龙池待月，南堤长柳，八达晴岚，西湖落照，花山杜鹃。

访花随柳亭上望去的龙渊 ⓒ Dolbegae 图书出版

第十章

记录宫中宴会之华丽风采

—— 宫中宴会仪轨

《进宴仪轨》《进爵仪轨》《进馔仪轨》等是记录宫中宴会之规模及过程的仪轨。《进宴仪轨》记录的是朝鲜时期国家庆典时在宫中举行的宴会诸事,《进爵仪轨》记录的是国王、王妃、王大妃等进爵时举办的仪式,《进馔仪轨》记录的是为庆祝国王、王妃、王大妃等的纪念日而进献食物的仪式。

这些仪轨展现了王室加封尊号、进献食物时举办宫中宴会的情景,虽然名称各不相同,但都显示了宫中宴会的华丽风采,极具代表性。此外,包含"王室举办的宴会仪式"之意的词语——"丰呈"也经常被使用。

现法国国家图书馆中收藏着根据仁祖时期举办的丰呈仪式整理而成的《丰呈都监仪轨》。但是,到了朝鲜王朝后期,"进宴"和"进馔"等词语取代了"丰呈",成为指代王室宴会仪式的专门用语。

此外,根据正祖巡幸思悼世子陵园——水原显隆园时的情景整理而成的《园幸乙卯整理仪轨》中,也记录了正祖为

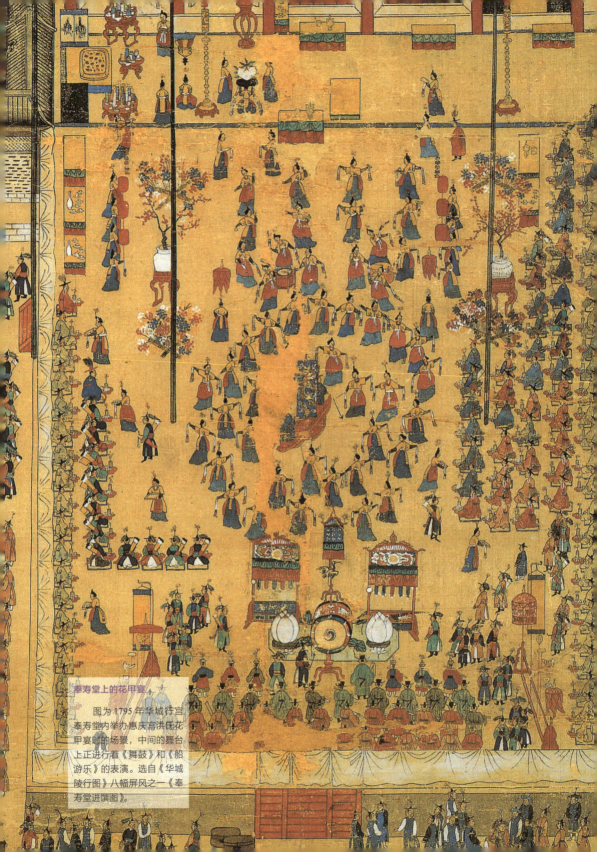

奉寿堂上的花甲宴

图为1795年华城行宫奉寿堂内举办惠庆宫洪氏花甲宴时的场景，中间的舞台上正进行着《舞鼓》和《船游乐》的表演。选自《华城陵行图》八幅屏风之一《奉寿堂进馔图》。

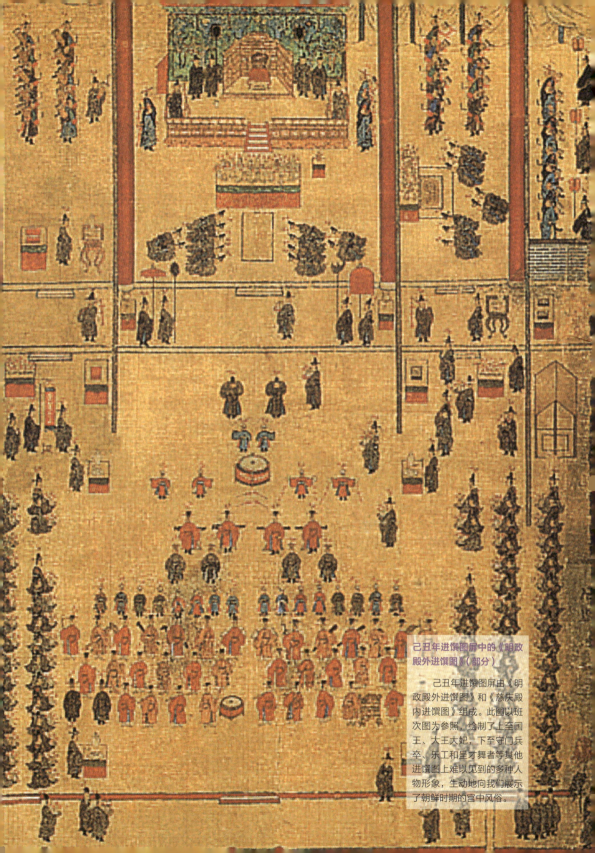

己丑年进馔图屏中的《明政殿外进馔图》（部分）

己丑年进馔图屏由《明政殿外进馔图》和《慈庆殿内进馔图》组成。此图以班次图为参照，绘制了上至国王、大王大妃，下至守门兵卒、乐工和呈才舞者等其他进馔图上难以见到的多种人物形象，生动地向我们展示了朝鲜时期的宫中风俗。

其母亲惠庆宫洪氏举办花甲宴的场景。通过以公文形式简单记录宴会程序的各种"笏记"和"会宴图"等画作，我们可以感受到宫中宴会的气氛。

有关宫中宴会的仪轨不仅记载着所呈食物的相关信息，宴会上使用的宫中音乐与宫廷舞蹈、舞伎名单和服装、敬献给王室的装饰花等许多展现朝鲜时期宫廷仪式面貌的资料都被生动地记录在册。特别是为使宴会参与人员提前确定位置而绘制的班次图、宫廷舞蹈的具体形态、演奏的乐器、演奏者的服饰以及碗碟和桌上的装饰花等，若非通过宴会仪轨的相关记载，很难保留这些珍贵的资料。让我们一起通过朝鲜时期记录王室宴会的仪轨来感受一下当时庆典的现场氛围吧。

华丽而壮观的宫中宴会——宴飨

在朝鲜时期，每逢国王和王妃寿辰、世子诞生、王世子册封、外国来使、冬至以及岁首等纪念日时，都会举办华丽而壮观的宴会。这样的宴会被称为"宴飨"，其相关工作由礼曹主管。"宴飨"的"宴"代表的是"礼乐"，"飨"代表的是"进献"，即"奉上"的意思，所以"宴飨"一词就有了"备下酒菜，奏起礼乐，宴饮群臣及宾客"之意。《庆国大典·礼典》中的"宴飨"一条记载，每年举办的宴飨除会礼宴（宴饮群臣）和养老宴（宴饮 80 岁以上的老人）外，还有端午宴和中秋宴等节日宴会，行幸或讲武①等由国王主持的特别活动之后的宴会，以及在忠勋府②、宗亲府③、仪宾府④、忠翊府⑤举办的宴会等。

宫中宴飨一般分为两种，一种是国王作为主人，招待世子和文武百官的"外宴"；一种是王妃、王大妃、大王大妃作为主人，招待世子嫔和内外命妇的"内宴"。这两种宴会是不一样的，因考虑到男女有别，从会场的设施到宴会执事和乐舞生的安排等，都尽显不同。

---

① 朝鲜时期，国王将大臣和百姓召集在一起在特定的处所内打猎或者切磋武艺的活动。

② 负责奖赏功臣的部门。

③ 保管国王的系谱和肖像，监督管理王室各支系的部门。

④ 负责驸马府相关事宜的官厅。

⑤ 为原从功臣（朝鲜时期立大功的功臣的直接下属）设置的部门。

外宴中，引导宴会进行的执事和差备（准备人员）均为男性，呈才①也由舞童担任；内宴中，从命妇中选出的女官和女执事负责引导宴会的流程，乐工由盲人担任，呈才由女伶（女子官伎）担任②。所奏之乐为唐乐（从中国传来的音乐）和乡乐（朝鲜本土音乐）。

被称为"宴飨"的宫中宴会，不仅给王室带来了欢乐，而且充分显示出以国王和王妃为首的王室的威严。对于为宴会增添乐趣的乐工、女伎、舞童、歌童来说，这里更是供他们尽情施展才艺的空间。宫中宴会的面貌，在朝鲜初期由《乐学轨范》整理记载，到了朝鲜后期，仪轨逐渐兴盛，相关内容大都记载在仪轨中。

朝鲜时期法典中有关宴飨的规定

1. 端午或中秋，行幸、讲武后在议政府和六曹设宴（王世子、王世子嫔的生辰也在六曹设宴）。

2. 一年四季中每季的仲月在忠勋府设宴（嫡长子、嫡长孙须参加）。

3. 一年两次在宗亲府和仪宾府设宴。

4. 每年一次在忠翊府设宴。

5. 每年正朝（春节清晨）或冬至日设会礼宴（王世子和文武百官须参加；以王妃为主人的内宴设于殿内，王世子嫔和内外命妇皆须参加）。

6. 每年季秋（春天和秋天）设养老宴（无论尊卑，年纪在80岁以上者均可参加宴会，其夫人由王妃设内宴款待；地方民众中有满80岁者，则由地方官员设内、外厅宴请）。

7. 观察使、节度使、去往中国或他国的使臣及进笺员（每逢庆典专门上呈贺表的官员）由国王在礼曹设宴款待。

---

① "呈才"有"呈现才操"之意，是指国家庆典、宫中宴飨、接待国宾时所用的宫中舞蹈。
② 〔韩〕朴廷惠：《朝鲜时期宫中记录画研究》，一志社，2000，第409页。

宫中宴会仪轨的内容

宫中如若举办进宴、进爵、进馔的宴会，首先要设置的就是进宴都监。进宴都监负责制作仪轨，其内容包括宴会从拟案到决定的过程、致词和笺文的内容、宴会所需的各种物品以及参加者的名单、乐师和从各道中选出的女伎名单及其职责等诸项事宜。

从现在流传下来的进宴相关仪轨来看，正祖时期当算是分水岭。肃宗时期和英祖时期编纂的仪轨中没有班次图或行事图等画作，上呈给国王的宴会相关启辞与各官厅间业务往来的移文、来关、甘结等文书，以及对一房、二房、三房、别工作、内资寺、内瞻寺、礼宾寺、司畜署的职责记录等构成了仪轨的主要内容。

1795年，正祖华城巡幸之后，记录宫中宴会的仪轨发生了巨大变化。为庆祝母亲惠庆宫洪氏的花甲寿辰，正祖移驾华城，参拜其生父陵园——显隆园，并于华城为母亲举办了盛大的花甲宴。《园幸乙卯整理仪轨》详细记录了这次宴会的全过程，并将参加人员的座次安排以及表演的舞蹈等绘制成图。这一形式自此流传下来，纯祖以后所编的仪轨中无一例外都加上了班次图或行事图。卷首的"图式"部分，分别绘制了进宴图、呈才图、器用图、乐器图、服饰图等，此外，通过择日、座目、图式、传教、筵说、乐章、致谢、笺文、仪注、节目、启事、移文、禀目、甘结、馔品、器用、修理、排设、仪仗、工令、乐器风物、赏典、财用等具体条目，[①] 我们可以一览宫廷宴会的全过程，也可以感受到许多人为宫廷宴会的顺利举行而付出的辛苦与努力。

---

① 〔韩〕金钟洙:《藏书阁所藏朝鲜时期宫中宴飨乐文献》,《藏书阁》2000年创刊号，韩国精神文化研究院，第80页。

宫中宴会上使用的器物与服饰

白瓷樽（尊）　　犀杯　　花樽（尊）　　五呈瓶　　酒樽（尊）

五呈杯　　丝圈花函　　寿酒亭　　进爵卓（桌）　　樽（尊）花床

散花卓（桌）　　蛤笠、黄红蔷薇　　流苏　　丹衣　　金花罗带

红绡袜裙　　红罗裳　　红绡裳　　黄绢衫　　花冠

汗衫　　绣带

惠庆宫洪氏花甲宴上使用的各式桌子、器具，以及女伶、女童们的服饰。选自《园幸乙卯整理仪轨》。

仪轨上记录的女伎名字

《进馔仪轨》的"工令"一项中，记录着表演宫中舞蹈时，参与的乐工和女伶的名字。1829年的进馔仪式上，表演《梦金尺》的女伎的职责与名单如下。

奉竹竿子：永爱，春外春

左舞：仙玉，晋月，金玉，永爱，莲心，任红

右舞：阳台，云绫，红降，仙玉，真香心，云英

奉簇子：明仙

奉金尺：明玉

奉黄盖：顺节

在王室最高规格的进馔仪式上，身份卑微的女伎的名单也被收录在册，这一举动无疑提升了舞伎们的自豪感与责任感。通过仪轨，我们也可以看出当时社会对普通民众的关怀。

朝鲜时期的宫廷舞蹈

朝鲜时期是宫廷舞蹈发展的"摇篮期",也是鼎盛期。到朝鲜末期,朝鲜王朝共用过 53 种"呈才",其中始创于朝鲜时期的宫中舞蹈多达 36 种。

朝鲜初期制定了《梦金尺》《受宝录》《观天庭》《受明命》《荷皇恩》《贺圣明》《圣泽》《曲破》等乐舞,其内容与歌辞大都是宣扬先王圣德,祝愿王族昌盛繁荣。

在朝鲜时期的宫廷宴会上,最先登场的乐舞是《梦金尺》,《梦金尺》是世宗时期制定的,以太祖李成桂在立国之前梦见从神那里得到一把金尺的故事为原型改编而成,歌颂了太祖建立朝鲜王朝的丰功伟业。作为宴飨的最后一支乐舞的是《处容舞》。《处容舞》是以新罗时期东海龙王之子处容的故事为原型创作的,因包含驱除恶鬼、祝愿王室安定、祈求太平盛世之意,直到 19 世纪前期一直作为宴飨的压轴节目登场。

《园幸乙卯整理仪轨》中收录的《梦金尺》与《处容舞》

《佳人剪牡丹》与《舞鼓》
演出场面ⓒ Park sang-yoon

《纯祖己丑进馔仪轨》中的
《佳人剪牡丹》

　　中国宋太祖时期，陶谷创制了名为《佳人剪牡丹》的宫廷队舞，纯宗二十九年（1829）孝明世子仿其创制了朝鲜宫廷舞蹈。舞台中央放置一个盛开着牡丹花的大花瓶，八名舞员头戴金凤冠，身着彩衣，翩翩起舞，频频戏花。

　　18世纪后，朝鲜宫廷舞蹈的规模发生了巨大变化，经历了壬辰倭乱和丙子之役后，朝鲜宫廷舞蹈的规模逐渐变小。直到英祖和正祖时期，随着朝鲜文化复兴期的到来，宫廷舞蹈才恢复了其曾经的威仪。纯祖时期则是宫廷舞蹈发展的关键期，此时的舞蹈种类扩充到50余种。

　　纯祖时期，由于身居政治要位的孝明世子（1809~1830，追尊为翼宗）的参与，宫廷舞蹈迎来了划时代的重要转机。对舞蹈有着浓厚兴趣的翼宗在代理听政时，便新创了《佳人剪牡丹》等20余种宫廷舞蹈。这一时期创制的呈才舞，相较于外在形式，更加追求舞蹈本身内在的表现力，大量带有民族情感、表现传统艺术的舞蹈被创造出来。从这一点上来说，该时期的呈才舞具有非常巨大的历史意义。

　　纯祖年间，乡乐呈才舞和唐乐呈才舞的大量创制，在某种程度上恢复了朝鲜前期华丽的宫廷宴会的面貌。纯祖时期复演的《春莺啭》、《舞鼓》、《佳人剪牡丹》和《长生宝宴之舞》等宫廷舞蹈，一直被传承至今，现在仍是韩国国立国乐院的表演舞乐。

1829 年进馔仪式上表演的呈才舞以图片形式流传了下来。《外进馔呈才图》中绘制了初舞、牙拍、响钹、舞鼓、广袖舞、尖袖舞等，《内进馔呈才图》上绘制了梦金尺、长生宝宴之舞、献仙桃、响钹、牙拍舞、抛球乐、寿延长、荷皇恩、舞鼓、莲花舞、剑器舞、船游乐、五羊仙、尖袖舞、春莺啭、宝相舞、佳人剪牡丹、处容舞等。通过这些图片，我们可以了解到当时宫廷舞蹈的具体形态。

纯祖时期，不仅宫廷舞蹈得到了一次大的整理，宫廷宴礼也被系统地梳理、记录下来。下面我们通过 1829 年编纂的《纯祖己丑进馔仪轨》了解一下宫廷宴会的面貌。

《纯祖己丑进馔仪轨》中的宫廷宴会记录

1829 年，为庆祝纯祖 40 岁宝龄和纪念其即位 30 周年，宫中举行了盛大的宴礼，《纯祖己丑进馔仪轨》正是根据这一宴礼编纂而成的。孝明世子，即翼宗于 1828 年十一月依

《纯祖己丑进馔仪轨》

记录了从纯祖二十八年（1828）十一月到翌年二月进馔仪礼筹划、进行的全过程。卷首的"择日"部分显示，1829 年二月九日午时在明政殿举行了外进馔仪式，二月十二日在慈庆殿内举行了内进馔仪式与夜进馔仪式。藏于首尔大学奎章阁。

《外进馔呈才图》收录的舞蹈场面

❶ **初舞**：奏《风云庆会之曲》中的《步虚子》（宫中宴礼上使用的合奏曲），配合长鼓的敲击声由两名舞童并排完成。此舞作为乡乐呈才的基础，是由宫廷舞蹈的初学者编排的，与其说是一个独立的节目，不如说是宴飨的开场热身舞。

❷ **牙拍**：又被称为"动动"或"动动舞"。牙拍是打击乐器的一种。此舞由两人为一组，舞者手持牙拍一对，通过击打牙拍发出清脆的节奏，边击边舞。《高丽史》中称之为"动动"，作为俗乐呈才舞记录下来；《乐学轨范》中的《时用乡乐呈才图仪》称之为"牙拍舞"，作为乡乐呈才被记录。

❸ **响钹**：舞者双手持金部打乐器中的箔拔完成舞蹈。此舞从高丽时期流传下来，与舞鼓相互配合，是朝鲜时期进馔、进宴上不可或缺的节目。

❹ **舞鼓**：《高丽史·乐志》中记载，忠烈王时期，一名叫李混的侍从从海上捞起一块浮木，将其制成大鼓，边击鼓边舞蹈，这便是舞鼓的由来。高丽时期，一人敲鼓，两人舞蹈；到了朝鲜成宗时期，按照舞者的人数比配大鼓，从而发展出"四鼓舞"和"八鼓舞"。

❺ **广袖舞**：朝鲜时期创制的乡乐呈才舞，舞者挥动宽大衣袖进行舞蹈。肃宗时期的《进宴仪轨》上记载了广袖舞，使臣宴上也曾表演过广袖舞。该舞蹈一直沿用到高宗时期。

❻ **尖袖舞**：英祖时期创制的乡乐呈才舞，属于剑器舞的序舞，因表演者手持短刀，为方便起见，便穿戴窄袖衣装进行表演，故称"尖袖舞"。

《内进馔呈才图》收录的舞蹈场面（1）

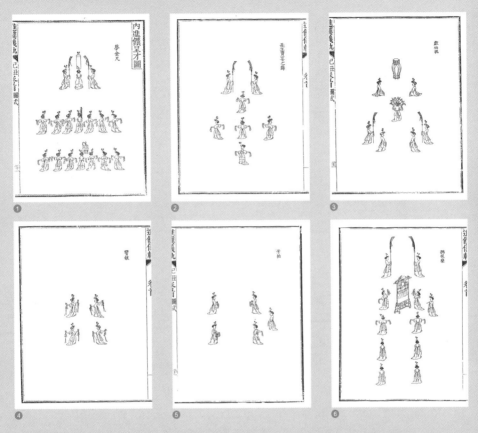

❶ **梦金尺**：朝鲜初期创制的唐乐呈才舞。此乐舞是根据太祖李成桂立国之前梦见从天而降的神人赐给他一把金尺并告知其会登上王位的传说创制的，故称"梦金尺"。此舞由十七人共同完成，包括奉簇子者一人、奉竹竿子（宫廷舞蹈的舞具）者两人、奉金尺者一人、奉黄盖者一人、其他舞者十二人。

❷ **长生宝宴之舞**：由奉竹竿子者两人与元舞①五人完成的舞蹈。纯祖二十九年（1829）孝明世子根据中国宋代"基圣节"上使用的乐章《长生宝宴之乐》创制了此舞。乐舞结束之际，奉竹竿子者登场，呼"绮席缤縡，已呈千般之舞"，乐舞结束。

❸ **献仙桃**：据传是高丽时期崔忠献根据中国唐代同名舞蹈改编而成。朝鲜时期，用木料制成三个仙桃和枝干，用铜铁制成叶子，放入银盘献于国王，祝愿国王长生不老、王室太平繁荣。"献仙桃"即根据这一情节命名。

❹ **响钹**。（参考 200 页）

❺ **牙拍**。（参考 200 页）

❻ **抛球乐**：高丽朝文宗三十七年（1073）从中国宋朝传来的舞蹈。元舞十二名，左右各分六名，边唱边舞。舞蹈中有将右手的彩球（用木料制成）抛入风流眼（在抛球架上凿出的抛球孔）的动作，可知此舞是一种游戏性质的舞蹈。中球用一朵花作为奖赏，不中球则在脸上点墨作为惩罚。

---

① 跳舞时，位于舞队中央位置的人。——译者注

《内进馔呈才图》收录的舞蹈场面（2）

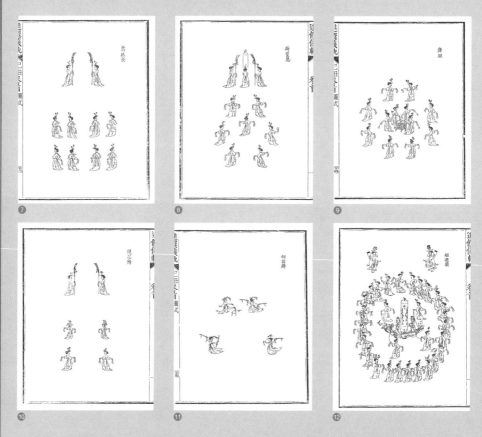

⑦ 寿延长：是将君王饮酒时所唱的中腔之曲以歌舞戏的形式表现出来的一种舞蹈。舞队呈两列四队之状，以依次不停转圈的形式祝愿健康长寿。此舞一直沿用到朝鲜后期。

⑧ 荷皇恩：相传是世宗元年（1419）卞季良奉太宗之命创制而成。此舞从为表达太宗顺应天命治理国家的喜悦之情而创制的"荷皇恩词"中产生，舞队由持竹竿子者两名、持簇子者一名、中间位置上的仙母一名、左右挟舞 ① 六名组成。

⑨ 舞鼓。（参考 200 页）

⑩ 莲花舞：两名女童着仙女之装，头戴蛤笠 ②，藏于莲花之中，之后从莲花中走出来边摇金铃边翩翩起舞。此舞包含着"被君王德化所感动，以歌舞的形式表现其内心喜悦"之意。伴奏步虚子词牌令或其他曲调。

⑪ 剑器舞：四名头戴战笠、身着战袍、腰系战带的舞员，手持长刀，两人一组完成舞蹈。此舞源于民间假面舞，纯祖时期被选为宫中呈才舞一直流传至今。《东京杂记》中的"风俗"条有关于此舞由来的详细记载。

⑫ 船游乐：众多女伎围立于一艘装饰精美的船周边，做出行船的样子，配唱《离船歌》与《渔父词》。

---

① 在元舞旁辅助的舞者称为挟舞。——译者注

② 表演莲花时，童伎头上戴的带铃铛的帽子。——译者注

|《内进馔呈才图》收录的舞蹈场面（3）|

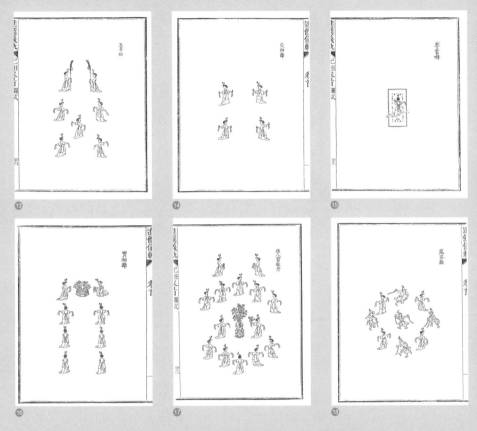

⑬ 五羊仙：高丽时期从中国宋朝传来的舞蹈，有祈愿君王健康长寿之意。持竹竿子者两名分立左右，王母立于中间，周围四名舞员用步虚子词牌令唱《碧烟龙晓词》。《文献备考》中详细记载了此舞的由来。

⑭ 尖袖舞：参考 200 页。

⑮ 春莺啭：一说为朝鲜纯祖时期孝明世子为庆祝纯宗肃王后 40 岁宝龄而创制的舞蹈，另一说为孝明世子在一个春日的清晨被柳枝间婉转啼唱的黄莺所吸引，因而创制此舞。舞员们在长 6 尺的花纹席上以《平调会相》为伴奏表演此舞。

⑯ 宝相舞：将称为"宝相盘"的圆床置于中央，由于持花和毛笔的二人和六名舞员共同完成的群舞。奏《咸宁之曲》时，六名舞员分成三组边唱边舞，并向宝相盘中投球，投中用一朵花作为奖励，不中则在脸上点墨作为惩罚。

⑰ 佳人剪牡丹：中国宋太祖时期，陶谷创制了名为《佳人剪牡丹》的宫廷队舞，纯宗二十九年（1829）孝明世子仿其创制了朝鲜宫廷舞蹈。舞台中央放置一个盛开着牡丹花的大花瓶，八名舞员头戴金凤冠，身着彩衣，翩翩起舞，频频戏花。

⑱ 处容舞：宫中傩礼（除夕夜的驱鬼仪式）或重要宴礼上，表演者佩戴处容面具所跳之舞。1971 年 1 月 8 日被指定为 39 号"非物质文化遗产"。此假面舞源于《三国遗事》所记新罗宪康王时期的《处容说话》；成宗时期发展成为青、白、黄、赤、黑五方处容舞 ① 的形态；朝鲜中期以后，此舞主要在宴会结束时表演。

---

① 身着青、白、黄、赤、黑五色缎衣的舞员，从五个方向慢慢跳到舞台中央的舞蹈。——译者注

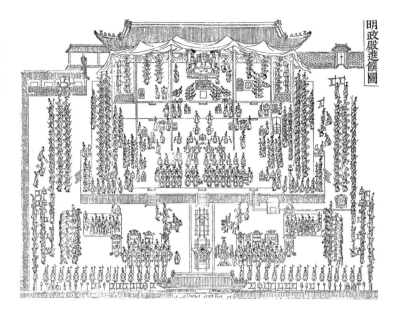

《明政殿进馔图》

昌庆宫明政殿内举行的外进馔仪式的场面。宴会的主体是国王与大臣，没有女性参加。选自《纯祖己丑进馔仪轨》。

肃宗朝和英祖朝的先例，开始与礼曹判书商议并着手准备纯祖即位 30 周年的纪念宴礼。当时虽纯祖身为国王，但事实上，翼宗从 1827 年起就开始代理朝政，是宴礼的实际主办者。

1829 年举行的宴礼大致可分为大殿外进馔、大殿内进馔、大殿夜进馔、王世子会酌等几个部分。外进馔相当于外宴，内进馔相当于内宴。外宴的主人公为君臣等男性群体，大妃、王妃等女性是不容许参加的；内宴的主人公虽为大妃、王妃、世子嫔、公主等女性群体，但身为男性的国王、宗亲、仪宾、戚臣①等均可以参加。大殿外进馔的场所为明政殿，大殿内进馔、大殿夜进馔、王世子会酌的场所则为王妃的居处——慈庆殿。

从仪轨的条目上看，卷首"择日"部分记录的是宴礼的主要日程安排，"座目"部分记录了为宴礼特别设置的进馔

---

① 与国王有着亲戚关系的非同性臣下。——译者注

所和仪轨厅的人员名单，"图式"部分包括以表格的形式绘制的宴礼现场人员及其位置的班次图、宴礼现场图，以及宴礼所需乐器、服饰等物品的图样等。班次图是为了使宴礼不发生错误而提前画好现场位次的一种图上演练，在班次图上，御座、乐队与舞伎、仪仗用品、参观者的位置一目了然。图式的顺序如下。

《明政殿进馔班次图》

《慈庆殿进馔班次图》

《慈庆殿夜进馔班次图》

《慈庆殿翌日会酌班次图》

《明政殿图》

《明政殿进馔图》

《慈庆殿图》

《环翠亭图》

《慈庆殿进馔图》

《慈庆殿夜进馔图》

《慈庆殿翌日会酌图》

《王世子小次图》

《外进馔呈才图》

《内进馔呈才图》

《彩花图》

《器用图》

《仪仗图》

《呈才仪仗》

《乐器图》

《服式图》

装饰宴会桌的樽花（上）与床花（中、下）

宫中举办宴会时，膳桌用各种花进行点缀与装饰，以增添宴会的华丽感。一般来说，插在瓶中的花被称为"樽花"，花瓶上一般绘有龙的图案，内插的装饰花高达9.5尺（2.95米）。床花是举办宫中宴会时放在地上的假花，惠庆宫花甲宴上使用了一层假花、二层假花、三层假花进行装饰。选自《园幸乙卯整理仪轨》。

正文部分由 3 卷组成，收录着世子向国王获请进贺和进馔许可的上疏——睿疏、宴礼上所用的乐章、称颂国王功德的"致词"、整理宴礼具体程序的仪注、记录宴礼指南的"节目"，以及启辞、禀目、甘结、移文、来关等进馔厅向国王呈交的报告文书和各官厅间的往来文书。其后还记载有参与宴礼表演的女伎、所需物品及道具等。"馔品"部分记载着宴礼所用的食材与餐品，"彩花"部分记载着宴礼所用装饰花，"器用"部分记载着宴礼上使用的各种器具。此外，"修理"部分收录了经过修理的宴礼用品，"排设"部分记录了宴礼现场各种物品的摆放位置，"仪仗"部分记录了旗帜、扇子等仪仗用品的材料与大小，"仪卫"部分记录了宴礼工作人员以及警备士兵的任务等。卷三的"进爵参宴诸臣"记载了宴礼参与人员的姓名及官职，"内外宾"部分记载了参与宴礼的命妇（接受封爵的夫人）、宗亲、仪宾、戚臣等，"工令"部分记载了宴礼参演乐工与舞员的服装，"乐器风物"部分记录了乐器以及表演舞蹈时所用的小道具，"赏典"部分记载了对筹办宴礼有功人员的褒奖，"财用"部分按照收入和支出两项分别整理了宴礼费用明细。

通过以上各条目中记录的内容，我们可以一览纯祖时期宫廷宴会的全貌。特别是图式中宴席装饰花、舞伎服饰等宴礼细节的图片，使我们可以在脑海中充分还原当时宴会的场面。这部仪轨共制成 6 份，被分别保管在奎章阁、春秋馆、礼曹、太白山史库、五台山史库和赤裳山史库。

详细记录 19 世纪初期宫廷宴会面貌的《进馔仪轨》反映了当时王室文化的辉煌。到朝鲜后期逐渐趋向成熟的王室文化，经过 18 世纪英祖、正祖两朝的发展，到纯祖朝仍然保持着华丽与威严。从《进馔仪轨》中我们可以了解到，直至 19 世纪初期，朝鲜王室仍意在通过宫廷宴礼不断巩固王权、增加王室的威严。

漂洋过海抵达英国的《己巳进表里进馔仪轨》

　　在记录官廷宴礼的诸多仪轨中，有一本彩绘仪轨是在英国被发现的。

　　1992 年，首尔大学国史学专业的李泰镇教授从在英国留学的一名学生处得知，大英图书馆（British Library）中收藏有一卷仪轨。1993 年李泰镇教授访问英国时，亲自去大英图书馆确认此事，并见到了这部仪轨，这就是纯祖时期的御览用《己巳进表里进馔仪轨》。那么，这部仪轨是如何漂洋过海到达英国的呢？

　　李泰镇教授指出，《己巳进表里进馔仪轨》流入英国的相关证据已被发现，这一证据便是一张发票。发票内容显示，1891 年，英国博物馆（大英图书馆亦由此而来）从巴黎某一奶酪商人处以 21 英镑的价钱购得此仪轨。1866 年丙寅洋扰时期，御览用仪轨中的大部分被法国军队掠夺到本国，据此推断，很可能是由于法国国家图书馆管理上的疏忽，造成其中的一本流落民间，由此被卖到英国。

　　《己巳进表里进馔仪轨》记录了纯祖 1809 年为其生母绥嫔朴氏举办花甲宴时进献表里、举行进馔仪式的相关事宜。这一仪式是仿照 1795 年正祖生母惠庆宫洪氏的花甲宴举行的。御览用《己巳进表里进馔仪轨》用天然染料绘制而成，而现在韩国国内所藏的仪轨，大部分是采用活字印刷术制成的，上面仅有黑白色彩，是以这部彩绘的仪轨为我们了解官廷服饰、仪仗用品、乐器等官中物品本来的色彩及样式提供了极大的帮助。

《己巳进表里进馔仪轨》

宴会场景被制成屏风

宫中宴礼被整理成仪轨的同时，也被制成"契屏"①。被制成的屏风大小不一，大的进献给王室，小的作为褒奖赠予参与活动的官员。

1829年《进馔仪轨》的"财用"部分记录了制成屏风的数量、发放对象以及制作费用。活动结束后，通常按照级别发放屏风。进献王室的"大屏"共4座，每座耗银100两；发放给六位堂上官和一位掌乐院提调的是中型屏风，每座耗银50两；发放给六位郎厅的也是中型屏风，每座耗银40两；发放给两位别看役的是每座耗银20两的屏风。此外，给牌将十人、录事十人、计士四人、书吏十二人、仪注色书吏一人、书写二人、库直一人发放的是每座耗银10两的屏风；给使令十三人发放的是每座耗银2两的屏风，给军士五人和官使唤五人发放的是每座耗银1两的屏风。据仪轨所载，李寿民等十三位画工参与了屏风制作，给他们的嘉奖是每人2匹木棉。

进宴仪式结束后，首先制作4~8件大规格且华丽的"内入图屏"，接着制作授予进宴厅堂上官和郎厅的屏风、授予监督官"别看役"的中号屏风、授予负责现场带领工匠作业的牌将以及录事、计士、书吏、库直等官员的小号屏风。此外，还会制作每个耗银1~5两的"簇子"②，发放给使令、军士、使唤等。

内入图屏被制成多座，因为屏风不仅要进献国王，还要分送参与进宴仪式的大王大妃、王妃、王世子等。

宫中宴享结束后制作内入图屏并发放给参与者这一习俗始于1827年翼宗作为王世子代理国政之后，即初见于1829年的进馔仪式结束之时。翼宗为完善宫中宴享仪礼，试图进一步贯彻崇礼尊乐的理念，并努力付诸实践。他不仅亲自主持宫中礼宴，还表现出对音乐的极度热爱，对宫中新式呈才舞的创制也倾注了很多心力，甚至亲力亲为择定要表演的呈才节目。翼宗对音乐和呈才表现出的关心，自然对宫中礼宴的发展产生了一定影响，这也反映在制作契屏这一举措上。③

---

① 都监的官员为纪念国家重大活动，待活动结束时会将当时的场景制成屏风，称为"契屏"。

② 挂在墙上的卷轴。——译者注

③ 〔韩〕朴廷惠:《朝鲜时期宫中记录画研究》，一志社，2000，第399~402页。

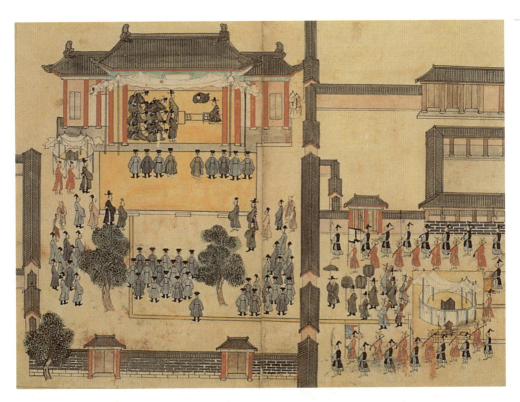

这一时期制作的屏风多用彩色，弥补了同时期仪轨图式中单色印刷的缺陷。记录宫中宴会面貌的仪轨和屏风淋漓尽致地展现了朝鲜时期王室文化的魅力，它们既是记录历史的载体，又是研究宫中记录画的宝贵资料。

《翼宗大王入学图》

为纪念 1817 年三月十一日举行的孝明世子成均馆入学礼而绘制的画作，画轴的跋文由南宫辙（1760~1840）书写。画作的背景是成均馆明伦堂，坐于明伦堂内右侧的是负责讲学的博士，其对面站立的二人之间是世子的座位。1828 年，缎面彩绘，41cm×26.5cm，藏于首尔大学奎章阁。

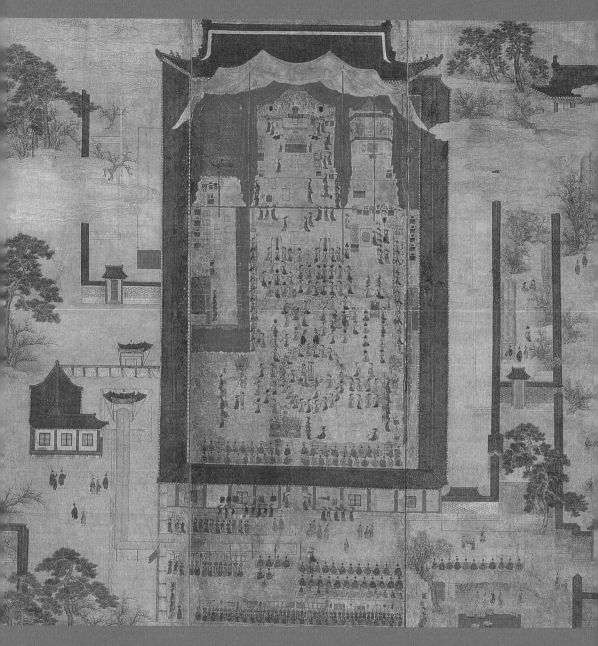

己丑年进馔图屏

　　进馔图的绘制一般是为了纪念国王、王妃、大王大妃的生辰或国王登基周年。这一作品记录的是 1829 年二月举行的宫中宴会，是由当时身份为王世子的翼宗操办的庆祝纯祖 40 岁宝龄以及执掌王权 30 周年的庆典。19 世纪的宫中宴会是按照 1744 年《国朝五礼仪·嘉礼》中进宴仪、王妃进宴仪、三殿进宴仪、御宴仪的仪注进行的。按一定礼制将宴会仪式的复杂程序绘制出来的这一图作，使宫中生活生动形象地呈现在我们眼前。1829 年，缎面彩绘，150.2cm×54cm，藏于韩国国立中央博物馆。

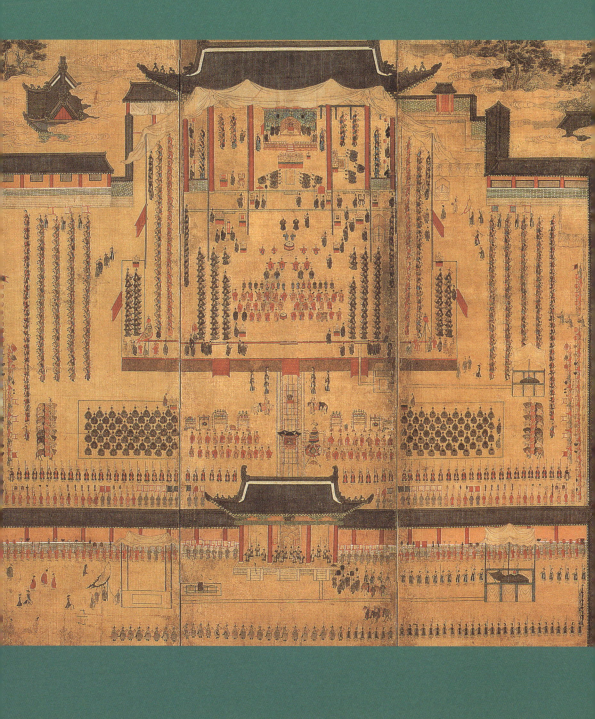

第十一章

朝鲜王朝乐器制作的记录
——乐器造成厅仪轨

　　朝鲜王朝时期是一个为实现儒教"礼乐政治"的理想目标而不断努力的时期。如果说"礼"强调的是尊卑秩序，那么"乐"则是为了协调尊卑关系，使之形成认同感的一种存在。"礼"和"乐"的关系是相辅相成、相得益彰的。朝鲜时期所有的国家典礼必须有与之相配的"乐"，"乐"就是在朝鲜时期不断追求"礼乐政治"的过程中产生的。

　　在朝鲜时期，属于五礼之一吉礼的国家祭礼最受重视，祭礼上所用的音乐也最花心思。因此，当用于宗庙或社稷祭礼的乐器缺损时，会临时设置乐器造成厅，制作新的乐器。另外，如皇坛祭礼、景慕宫祭礼等新的祭礼产生时，典礼上所用的乐器及乐工的冠服仪仗等都由乐器造成厅制作。

编磬

　　古代八音乐器分类法的石之属，打击乐器的一种。构成乐器的磬石非常稀有，一般从中国寻得或用土烧陶磬代替，世宗时期在南阳发现优质磬石后，才开始采用本地磬石。无论潮湿还是干燥，严寒还是暑热，编磬的音色和音程都不受影响，是一切古典乐器调率的基准器。ⓒ韩国国立国乐院

磬石的取材

磬的形制

　　勾和股是指磬体上短而宽的一面，倨和鼓是指磬体上长而窄的一面，勾和倨是指上端，鼓是指下端。选自《景慕宫仪轨》。

　　编磬是祭礼乐演奏，特别是在登歌乐（堂上乐）与轩架乐（堂下乐）中普遍使用到的乐器，是乐器定调的基准器。编磬是由上下两排各八面、共十六面镰刀模样的磬石按照不同音高悬挂组成的乐器，制作编磬时最重要的便是选择优质的磬石。

特钟（左）

古代八音乐器分类法的金之属，打击乐器的一种。特钟不同于编钟，钟架上只悬挂一枚长约50cm的乐钟，击打发音。以前将十二个月份与十二律对应，制成十二种不同的特钟加以使用，成宗朝以后，在祭礼乐起奏时使用。ⓒ韩国国立国乐院

特磬（右）

古代八音乐器分类法的石之属，打击乐器的一种。一面磬石悬挂于编磬架上，锤击发音。特磬的面数和规格与编磬有所不同，样式与演奏方法与编磬是一样的。ⓒ韩国国立国乐院

世宗时期修整国家典礼的同时，对礼乐也倾注了极大的心力。当时整备礼乐的事宜由朴堧①负责，他寻得海州的秬黍和南阳的磬石，成功完成了编磬的制作。

秬黍是五谷的一种。古时以"累黍定尺"制作律管，用律管来调节乐器的音律，所以挑选符合规格的黍子是一件非常重要的事情。海州的秬黍被发现后，一直被当作制作律管的标准材料。

除南阳之外，成川、密阳、醴泉等地也拥有丰富的磬石资源，但是南阳的磬石音质最好，甚至胜过中国磬石。所以，朴堧于世宗九年（1427）开采南阳磬石，制成528面磬

---

① 朴堧（1378~1458），朝鲜文臣，音乐理论家。世宗时期制作编磬十二章，为求准确的音律亲自制作十二律管，并用雅乐代替朝会上使用的乡乐，促进了宫中礼乐的改革。

与特磬，用于国家祭礼和朝会。

　　后世谈论世宗时期的礼乐时，往往都会提及海州的柜黍和南阳的磬石，因为一件好乐器的诞生最重要的便是确保使用好的材料。

　　朝鲜后期，南阳的磬石仍然是制作乐器的重要材料，但开采南阳磬石时遇到了很多困难。首先，磬石的开采地位于四面受风的背阴地干达山顶峰，并且由于之前的长时间采伐，要挖地数十尺才会出现磬石，山峰左右都是悬崖，开采起来非常不易。因此，人们通常会避开寒冷的冬天，选择在开春时开工。

　　仪轨对磬石开采的具体情况也有所记载。例如，1805年制作社稷署编磬时总共需要30块大型磬石，玉匠们于三月二日开采了5块、十一日7块、十二日9块、十六日6块、

钟的形制

　　钟柄由"衡"和"甬"构成，钟体分为五部分，从下而上依次是铣、于、鼓、钲、舞，发音部位为舞部。选自《景慕宫仪轨》。

方响

　古代八音乐器分类法的金之属，打击乐器的一种。16块铁片悬挂于架上，以角槌击之而发音。此乐器产生于中国南北朝时期的梁朝，在朝鲜半岛高丽文宗时期的唐乐演奏中使用，后一直作为唐乐和鼓吹乐乐器使用。
ⓒ韩国国立国乐院

十八日 3 块，开采完工后，将其运送至首尔，这一过程被详细地记录在仪轨中。

　做编磬的材料——磬石得到保障后，需要用磨料将其打磨成镰刀模样。打磨磬石的材料是一种叫"锭玉砂"的沙子，这些沙子由首尔附近的郡县提供。从 1777 年制作景慕宫 32 面磬（2 架编磬）时的记录来看，总共需要 50 斗锭玉砂，其中仁川 12 斗、富平 12 斗、通津 13 斗、金浦 13 斗，如此摊派开来。又如，制作编钟时需要 140 斗白土，这些白土由富平、高阳、坡州、衿川、仁川五地各提供 28 斗，备好后运往首尔。乐器制作一旦开始，所需材料中的大部分都是由首尔附近的京畿道各郡县分摊的。

乐器制作的背景

　设置乐器造成厅制造乐器的情况大体分为两种，一种是以前使用过的乐器由于破损或数量不够需要重新补充；另一种是新的祭礼产生，按祭礼乐的要求需新制乐器。

肃宗八年（1628）制作了宗庙和永宁殿祭祀时使用的方响，英祖二十年（1744）重做了存放于昌德宫仁政殿院内轩架乐器上的佛陀，纯祖三年（1803）由于社稷坛上的乐器库起火，不得已进行了乐器复原工作，以上三个事例都属于第一种情况。这种情况下，作业规模相对较小，一般只要补上损耗的乐器就可以。例如，进行仁政殿乐器修复作业时，复原了编钟 32 枚（共 2 架）、编磬 32 面（共 2 架）、建鼓 1 件、应鼓 1 件、朔鼓 1 件、敔 1 件、柷 1 件、麾 1 件、照烛 1 件；进行社稷坛乐器修复作业时，复原了编钟 8 枚、编磬 17 面。

属于第二种情况的有肃宗七年（1681）的永昭殿（肃宗的第一任王妃仁敬王后的灵殿）祭礼、英祖十七年（1741）的皇坛祭礼、正祖元年（1777）的景慕宫祭礼，这些祭礼上不仅使用的乐器需要重新打造，演奏祭礼乐的乐师、乐工、舞生的冠服也需要重新定制。特别是皇坛祭礼和景慕宫祭礼作为朝鲜后期新增的祭礼，性质上属于国家重要祭礼，在乐器制作方面也必然要做到万无一失。

皇坛（大报坛）上摆放的是明朝皇帝神宗的牌位，壬辰

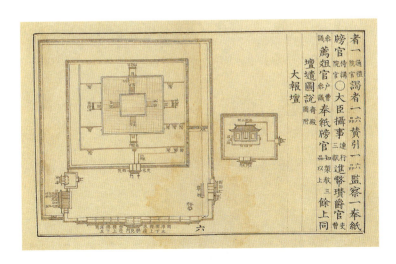

《皇坛仪》中的大报坛

《皇坛仪》是英祖二十四年（1748）根据英祖命令整理而成的有关皇坛，即大报坛祭礼程序的书册。大报坛是肃宗三十年（1704）在昌德宫内建造的祭坛，为祭祀壬辰倭乱时期向朝鲜增派援兵的明朝皇帝神宗而设，英祖时已追加明朝太祖与毅宗配享。图片为大报坛的一部分。

大报坛位于昌德宫后
院最后方的西侧。以大报坛
为中心来看，东边是奉室[①]，
西边为敬奉阁。

倭乱时期神宗皇帝曾经向朝鲜派兵增援，祭祀明神宗这一举
动也体现了朝鲜的"对明义理论"。肃宗三十年（1704），在
闵镇厚的建议下，于昌德宫后院设立皇坛举行祭礼。当时由
于没有准备专用乐器，只能使用山天祭[②]时的乐器。到了英
祖十七年（1741），由于皇坛祭礼的日期和山天祭礼冲突，
皇坛祭礼上不得已又使用了文庙祭祀乐器。是年六月至九
月，设置了乐器造成厅，制造皇坛祭礼专用的乐器。

值得一提的是，1741 年七月制作皇坛祭礼专用乐器时，
在掌乐院里发现了世宗时期打造的 10 面石磬，英祖感觉此
事非同一般，惊喜之余命令将其中可用的 4 面石磬用于打造
皇坛祭礼的专用乐器。

乐器造成厅仪轨的内容

设置乐器造成厅制作乐器的情况并不罕见，但目前为

---

① 保管神座和神塌的房间。——译者注
② 祭祀山神的祭礼。——译者注

止，将此事编成仪轨流传于世的只有以下三种：《仁政殿乐器造成厅仪轨》、《景慕宫乐器造成厅仪轨》和《社稷署乐器造成厅仪轨》。以上三种仪轨分别于英祖二十一年（1745）、正祖元年（1777）、纯祖四年（1804）编纂而成，册数均为1册。

以上三种仪轨从册数和记载内容的顺序来看都是一致的，只在所造乐器和冠服的数量方面存在差异。下面以三种仪轨中记录最为详细的《景慕宫乐器造成厅仪轨》为例进行说明。

《景慕宫乐器造成厅仪轨》的开头部分是负责制造乐器的官员及工匠的名单。乐器制作的任务由掌管国家典礼的礼曹和掌管乐舞的掌乐院负责，所以乐器造成厅的官吏大部分由礼曹和掌乐院的官吏充任；直接参与乐器制作的别工作的官吏则由缮工监的官吏出任。名单之后附有"启辞"，即乐器造成厅呈予国王的报告书。报告书中显示，乐器造成厅设置在掌乐院中，打造乐器的工匠则是从王室以及军队从属人员中选拔的。"禀目"一项中记载着制作不同乐器时所需的物品种类，鹿角、鱼胶、牛皮等物品的数量也详细记录于上。

"移文"、"来关"与"甘结"中收录着乐器造成厅和其他有关部门的来往公函。公函文书中显示，户曹、兵曹、京畿监营、宣惠厅、御营厅、禁卫营等部门参与了乐器制造，高阳郡守、金浦郡守、仁川府史、富平府史、衿川县监、坡州牧使、通津府史等地方官吏接到了摊派物品的任务。

"工匠"部分记录着参与乐器和冠服制作的工匠名单。《景慕宫乐器造成厅仪轨》中共记录了 43 个工种、148 名工匠,明细如下。

小炉匠	11 名	注匠	2 名
玉匠	23 名	穿穴匠	3 名
匙匠	6 名	冶将	1 名
磨镜匠	6 名	耳只匠	2 名
风物匠	2 名	冠匠	5 名
雕刻匠	8 名	鞍子匠	2 名
小木匠	6 名	桶场	5 名
豆锡匠	4 名	多绘匠	2 名
石手	4 名	每缉匠	1 名
磨造匠	2 名	杖鼓匠	1 名
木鞋匠	2 名	银匠	1 名
木手	2 名	直匠	1 名
造家匠	2 名	造弦匠	3 名
贯子匠	3 名	鞍匠	1 名
雨伞匠	1 名	假漆匠	4 名
矢匠	2 名	针线婢	9 名
筛匠	3 名	岐钜匠	2 名
太平箫匠	1 名	大引钜	5 名
角带匠	1 名	小引钜	2 名
靴子匠	2 名	挂钜匠	2 名
皮匠	1 名	炼磨匠	1 名
刀子匠	1 名		

仪轨:朝鲜王室记录文化之花

"实入"一项分门别类地整理了乐器制作中需要的物品。上述"禀目"中记录的是不同乐器需要的不同物品种类，这里记载的是制作乐器时所需物品的总量。

之后出现的是仪轨制作的相关记录。记录中显示，仪轨制作的重要底本"誊录"共有两件，分别保存于礼曹和掌乐院，仪轨用楮注纸制成了两件。最后的"别工作誊录"部分重新整理了实际乐器制作过程中所消耗的物品。

景慕宫祭礼的乐器和冠服

景慕宫是供奉正祖生父思悼世子灵位的祠堂。位于昌庆宫弘化门外的祠堂（现首尔大学医科院附近）是英祖四十年（1764）秋建造的，名为"垂恩庙"。正祖在1776年三月登

《宫园仪》中的《景慕宫图说》（左）

《宫园仪》记录着在景慕宫和永祐园举行的各种仪式及仪式程序。此图是《宫园仪》中收录的景慕宫全景。景慕宫原址为现首尔大学校医科大学。

《享祀班次图说》（右）

标注景慕宫祭礼时祭祀官站立位置的图说。收录于《景慕宫仪轨》。

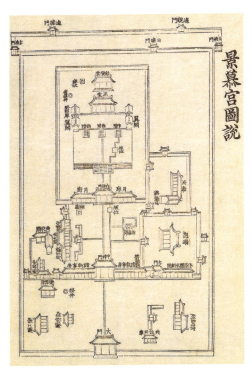

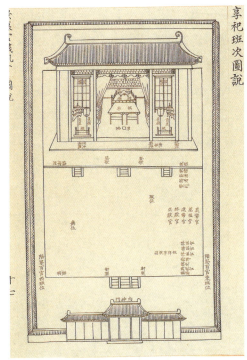

上王位后，就在原址重新修建，将其升格为"景慕宫"，五月修订了景慕宫祭礼的仪礼，随后开始制作景慕宫祭礼的专用乐器，到1777年五月，乐器制作全部完成。

正祖重建景慕宫筹备祭礼为的是加强自身的正统性，巩固王权。正祖虽然是作为思悼世子的兄长真宗的后嗣登上王位的，但他始终忘不了自己是因英祖而死的思悼世子的儿子。正祖时期是一个社会剧变的时代，为使自己全面改革的政治构想得以实现，正祖认为必须首先巩固王权，而王权巩固的首要任务就是为思悼世子平反。正祖重建供奉思悼世子的景慕宫、筹备相关祭礼、新制祭礼乐器等一系列举措正是他为思悼世子平反所做的准备。

1776年八月设立了乐器造成厅，用以制造景慕宫祭礼的专用乐器。景慕宫祭礼属于新兴的国家祭礼，不仅需要制作登歌、轩架演奏时的乐器，还需要制作演奏者和舞员的表演冠服。正祖命令，编钟和编磬按照1745年仁政殿祭礼乐器的规格制造，其余乐器和冠服则按照1741年皇坛祭礼的规格制作。

景慕宫祭礼的专用乐器于1777年五月二十五日全部制作完成并运往景慕宫。乐器的制作虽然完成，但在祭礼上并不能演奏，因为1776年薨逝的英祖的三年丧期还未满。最终，在英祖三年丧期结束、神位被供奉到宗庙后，景慕宫祭礼上才开始使用乐器演奏，时为1778年九月。

《景慕宫乐器造成厅仪轨》中详细记录着景慕宫祭礼专用乐器的明细及制作乐器时所需的全部物品。从明细中我们可以看出，景慕宫祭礼共制作了25种专用乐器。

从景慕宫祭礼的乐工编成来看，登歌乐19名，如将照烛①包含在内，轩架乐则是21名，总共人员构成为40名。宗庙祭礼的乐工编成为登歌乐22名、轩架乐24名，总共46名。相比之下，景慕宫祭礼的规模稍小一些，具体差异表现在缺少乡琵琶1名、大笒2名、小笒2名、杖鼓2名。虽然景慕宫祭礼在国家级祭礼中属于比宗庙祭礼规格稍低的中祀，但也算得上是比较隆重的祭礼了。

---

① 照烛是指在夜晚举行的祭礼上作为信号灯使用的一种类似轻纱灯笼的灯具。照烛抬起则演奏开始，照烛落下，音乐停止。

景慕宫祭礼乐器的数量和编排

乐器	数量	编排	
		登歌乐	轩架乐
编钟	32 枚（2 架）	○	○
编磬	32 面（2 架）	○	○
方响	32 块（2 架）	○	○
晋鼓	1 面	·	○
节鼓	1 面	○	·
柷	2 台	○	○
杖鼓	2 面	○	○
敔	2 台	○	○
唐琵琶	1 把	○	○
乡琵琶	1 把	·	○
玄琴	1 台	○	·
伽倻琴	1 台	○	○
牙筝	2 台	○	·
笙	2 支	○	○
埙	1 个	○	○
太平箫	1 支	·	○
奚琴	1 把	·	○
觱篥	2 支	○	○
大笒	2 支	○	○
唐笛	2 支	○	○
洞箫	1 支	○	·
篪	1 支	·	○
路鼗	1 架	·	○
大金	1 个	·	○
拍	2 个	○	○

* ○代表有，·代表无

《景慕宫仪轨》中的乐器图片

编钟

　　古代八音乐器分类法的金之属，打击乐器。编钟架下是一对带底座的木制狮子，编钟架上檐两侧有龙头、檐上有五只木孔雀装饰。此架上悬挂上下两组共16枚铜钟，每组8枚，以角槌击打钟体下方的隧部而发声。

编磬

　　古代八音乐器分类法的石之属，打击乐器。由于构成乐器的磬石非常稀有，一般从中国寻得或者用土烧陶磬代替，世宗时期在南阳发现优质磬石后，才开始采用本地磬石。无论潮湿还是干燥、严寒还是暑热，编磬的音色和音程都不受影响，是古典乐器调率的基准器。

方响

　　古代八音乐器分类法的金之属，打击乐器。16块铁片悬挂于架上，以角槌击之而发声。此乐器产生于中国南北朝时期的梁朝，在朝鲜半岛高丽文宗时期的唐乐演奏中使用，后一直作为唐乐和鼓吹乐乐器使用。

杖鼓

　　古代八音乐器分类法的革之属，打击乐器，是一种两面鼓，由于中间部分细窄，又称为"细腰鼓"。鼓身由梧桐木制成，呈圆筒形，两端粗而中空，中段细而实。两端鼓鼓大小不一，蒙皮也有区别。粗的一端（左边）蒙牛皮或白色马皮，细的一端（右边）蒙普通马皮。因鼓腔大小和蒙皮薄厚有别，可发出两种不同音色，粗端为深沉低音，细端为明亮高音。

节鼓

　　古代八音乐器分类法的革之属，打击乐器。演奏时将鼓放在一个箱子模样的方台上，以木槌击之发声。一说起源于中国隋朝，世宗时期传入朝鲜；一说为朝鲜中期本土制造的乐器。现在的宗庙祭礼乐和文庙祭礼乐中主乐开始和结束的时候，三击鼓以告知。

柷

　　古代八音乐器分类法的木之属，打击乐器。在上宽下窄的方形木箱上开圆孔，用木棒击其内壁发声。与敔同为文庙祭礼和宗庙祭礼上使用的乐器。不同的是，击柷表示乐曲的开始，放置在舞台的左侧；击敔表示乐曲的终结，放置在舞台的右侧。

晋鼓

古代八音乐器分类法的革之属，打击乐器，在韩国的鼓类乐器中规格最大。鼓身漆红色，由四根木柱上加横杆制成鼓架，将鼓放在上面，木槌用布头包起来，击鼓面发声。用于宗庙祭礼和文庙祭礼，乐曲开始之前一击鼓，乐曲终结时三击鼓。

敔

古代八音乐器分类法的革之属，木制类体鸣乐器。形如伏虎，虎背刻二十七个纵列木片，呈锯齿状。由一支一端劈成九根细茎的竹筒制成竹鞭，演奏时，首先击三遍虎首，然后刮三遍虎背，竹鞭漆白色，置于西侧。

唐琵琶

由于琴身上端向后弯曲，又称为"曲颈琵琶"，是一件常用乐器。据传在统一新罗时期由中国传入，但史料上并无关于其起源的确切记载。成宗时期，学习乐器必须先学唐琵琶；选拔乐工时，首先考察的也是唐琵琶。

乡琵琶

古代八音乐器分类法的丝之属，弦乐器。新罗时期，伽倻琴、玄鹤琴①、乡琵琶被称为"三弦"，相当于高丽时期的"五弦"乐器。乡琵琶原属西域乐器，经过高句丽传入新罗，为与唐琵琶区分开来，遂称"乡琵琶"。琴身上端笔直，又称"直颈琵琶"。

玄琴

古代八音乐器分类法的丝之属，弦乐器。共鸣箱由桐木与栗木拼接而成，六根丝弦由丝线搓制而成，用竹制拨片弹拨丝弦发声。声音庄重深远，自古以来有"百乐之丈"的称号，深得德学兼备的儒生们的青睐。

伽倻琴

又称"伽倻高"。共鸣箱由桐木制成，用丝线制成十二根琴弦，下由码子②支柱，手拨琴弦发音。正乐伽倻琴③、风流伽倻琴常用于"线风流"④或歌曲伴奏，而19世纪后期出现的散调伽倻琴则经常用于演奏伽倻琴散调、伽倻琴并唱等民俗音乐。

---

① 即玄琴。——译者注

② 琴码。——译者注

③ 谷制伽倻琴。——译者注

④ 弦乐团琴。——译者注

牙筝

　　古代八音乐器分类法的丝之属，拉弦乐器。原为七弦，后为补音，制成九弦。传自高丽时期，朝鲜成宗时开始被用于乡乐演奏。牙筝是弦乐器中音域最窄的低音乐器，正乐演奏时的牙筝琴弓通常由连翘木制成，弓弦上擦松香；散调演奏时的牙筝琴弓通常由马尾毛制成。

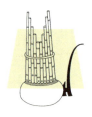

笙（笙簧）

　　古时按照管数的不同分别被称为"和""笙""竽"，现在这一类乐器被统称为"笙簧"。将竹管插在带有吹孔的笙斗上，吹时用指按着竹管下端所开的孔，按住则音出，放开则音不出。

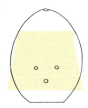

埙

　　古代八音乐器分类法的土之属，吹奏乐器。用陶土烧制而成，中国古代陶器时代的文化遗产，高丽睿宗十一年（1116）由中国宋朝传入朝鲜。顶端为吹口，共五音孔，前三后二。

太平箫

　　古代八音乐器分类法的木之属，管乐器，又被称为"胡笛""唢呐""大平箫"。木制身末端镶上吹嘴演奏，音色明亮、热烈。古代用于军事活动，现在主要用于宗庙祭礼乐、大吹打、风物、梵呗（佛教音乐）等。

奚琴

　　古代八音乐器分类法的丝之属，拉弦乐器。琴筒用竹根和生产年限较长、竹节较多的乌斑竹制作，两支琴杆与琴筒相连，用马尾毛制成的琴弓放在两支琴杆中拉弦发声。

觱篥

　　古代八音乐器分类法的竹之属，管乐器，韩国称"空鸣乐器"。高句丽时期出现的觱篥又称"乡笛"，与从中国传来的"唐笛"不同，属韩国本土乐器。长约27cm，管内径约1cm，用黄竹做管，海竹做嘴，吹奏发声。

大笒

又称"横笛"。新罗时期与"中笒""小笒"一起合称为"三竹",是演奏新罗乐时的常用乐器。《三国史记》中记载,新罗时期有三百二十四首大笒曲。笛管上端末是封闭的,稍微往下一点是"吹孔",在吹孔和指孔之间有一个"清孔",清孔上贴有笛膜,笛膜的震动赋予大笒一种独特的音色。

唐笛

古代八音乐器分类法的竹之属,管乐器,韩国称"空鸣乐器"。唐笛是拥有一个吹孔、六个指孔的竖笛,由多年生长的黄竹制成。《高丽史》中记载,刚从中国传入时,笛管上有一个吹孔、七个指孔,适合演奏唐乐曲调。朝鲜成宗时期,经过改良,变身为朝鲜特有的唐笛。

洞箫

古代八音乐器分类法的竹之属,管乐器,韩国称"空鸣乐器"。洞箫是由生长年限较长的粗壮竹管制成的一种竖笛,竹管上凿有指孔。现在的洞箫分为两类,一类是正乐用洞箫,一类是演奏民谣或巫乐时使用的洞箫。

篪

古代八音乐器分类法的竹之属,管乐器,韩国称"空鸣乐器"。据记载,篪是古代中国使用的乐器,朝鲜在高句丽和百济时期也曾使用。篪由黄竹制成,五个指孔,管身下端呈十字形,用以调节音高。

路鼗

由体积较小的四面鼓制成,鼓身长度为33.6cm,鼓腹直径为15.4cm,由两个鼓体叠加成十字形,贯穿于一根长杆上。两鼓的鼓腹处系一长皮绳,演奏时晃动长杆,皮绳敲击鼓面发声。

大金

古代八音乐器分类法的金之属,打击乐器。由黄铜制成,类似于锣。演奏者左手提红锣绳,右手执槌头包鹿皮的槌子,击奏发声。关于大金的起源有两种说法,一说为始于高丽时期军中使用的军乐器,另一说为朝鲜世宗时期由明朝传入的乐器。

拍

古代八音乐器分类法的金之属,体鸣乐器。由六块长而薄的木板组成,上端由细绳系在一起,互相拍击发声。从新罗末期开始,又称为"拍板",经常用于歌舞伴奏,高丽时期与朝鲜时期,在唐乐、乡乐、雅乐中都有广泛使用。

乐器的材料

编钟32枚（共2架）的材料

熟铜316斤，鍮铁①208斤，含锡306斤15两，鍮钠29斤7两，炭21石15斗，生麻15斤，熟麻15斤，杂休纸15斤，松明160斤，黄土30斗，白瓦30斗，黄蜜8斤，松脂3斤，甘酱1斗，艮酱1斗，盐16斗，破油苣2浮，破毒布16尺，家猪毛1斤，风炉板2立，毛狗皮4领，法油1升，抢柄木1个，刀竹2个，洼牛皮2条，白牛皮1领，大执举1个，小执举1个，大地乃1个，汗了赤1个，松炭布5尺，槐木轮桶1块，乞只轮桶朴达木1块，自作板2立，延日砺石7片，强砺石3块，中砺石2块，手巾布5尺，横铁5个，网席2立，马尾筛1浮，竹筛1浮，白土140斗，浦土5驮。

编磬32面（共2架）的材料

碗玉砂55斗，手巾布5尺，细沙延日砺石7片，强砺石3块，中砺石1块。

伽倻琴1台的材料

背次梧桐木（长5尺5寸，宽1尺1寸）1片，修妆次山柚子（长2尺5寸，宽4寸，厚2寸）1片，夫道次草绿乡丝12两，蛇头红真丝2钱，弦次白丝2两，绘妆次白绫（长8寸，宽5分）1片，草绿大缎（长8寸，宽5分）1片，多红大缎（长8寸，宽5分）1片，鱼胶半张，炭2斗，家次内、外拱红黄木（各10尺5寸）。

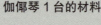

① 黄铜。——译者注

乐师、乐工、舞员冠服一览表

穿戴者	物品	制作量	需要量	余量	备注
乐师	幞头	2	2	·	
	乌鞓带	2	2		
	绿绸衫	2	2	·	
	黑皮靴	2	2	·	
登歌、轩架乐工	介帻冠	40	40	·	
	红绸衣	40	40	·	
	白绸中单	40	40	·	
	白绸带	40	40	·	
	白布袜	40	40	·	
	乌皮履	40	40	·	
文舞、武舞舞员	进贤冠	38	36	2	文舞
	皮弁冠	36	36	·	武舞
	赤裳	74	72	2	
	蓝绸衣	74	72	2	
	赤裳衣	74	72	2	
	红绸带	74	72	2	
	白布袜	74	72	2	
	乌皮履	74	72	2	

以上是乐器造成厅制作的乐师、乐工以及舞员的冠服的相关内容。从组成上来看，乐师共 2 名，负责指挥登歌乐演奏和轩架乐演奏，参与演奏的乐工共 40 名。舞蹈采用六佾舞，文舞与武舞的舞员各 36 名，共 72 名。文舞舞员的冠服多出 2套，以防出现破损或丢失的情况。

第十二章

朝鲜王朝国王肖像画制作的记录

——御真仪轨

安珦肖像

影帧的底本为 1318 年忠肃王（在位时间：1313~1330）为纪念安珦的功绩令中国元朝画工所绘，现影帧版本是朝鲜明宗时期命画工临摹而成。1318 年，绢面彩绘，37cm×29cm，藏于顺兴绍修书院。

我们经常从纸币上看到李滉、李珥、世宗大王等伟大历史人物的画像，但实际上，他们的画像大都不是由当时的画工根据真人模样绘制的，而是后代根据历史资料绘制的"想象画"。实际上，现在虽然有国王或官吏的真人肖像画流传于世，但数量并不多。

在高丽时期和朝鲜时期，普通百姓能否见到国王的相貌呢？一般来说，百姓面见国王的机会非常少。但为使历代国王的形象传于后世，通常会定期制作国王的肖像画，即御真。那么，传统时代掌握最高权力的国王，他们的御真是怎样制作的呢？

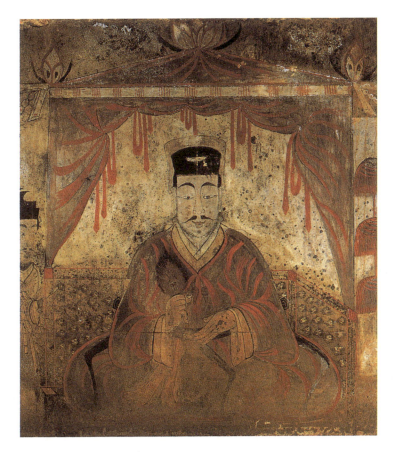

安岳三号墓是高句丽古墓中壁画规模最大、制作年代最为久远的壁画墓。墓壁绘有与墓主人相关的各种仪式场面以及反映当时风俗的各种生活场景，其中尤令人瞩目的彩绘图是红色幔帐内手握扇子的墓主人肖像画。此壁画约绘于高句丽357年，位于黄海南道安岳郡大楸里。

国王的肖像画——御真

肖像画是人物画的一种，是以人的面部为中心绘制的半身像或全身像。从高句丽古墓壁画中的各种人物画像我们可以知道，人物画与绘画的起源密切相关。从三国时代图画的整体构图中我们也可以发现，人物是主要构成要素。严格意义上来讲，真正的肖像画作品是在统一新罗时期出现的。从各种文献记录来看，统一新罗时期主要制作的是国王的御真以及僧侣的肖像画，高丽时期在此基础上又绘制了不少功臣像和女性像。

《先贤影帧帖》中的许穆与李天辅画像

此画帖收录了肃宗到正祖年间多位官吏的肖像画，从中我们可以了解到当时高官重臣们的官服式样。1790年以前去世的官员，其画像是以既存肖像画为底本临摹而成的。此画帖中共收录了24位人物的肖像画，每幅画像的右上方标示着该人物的姓名与官职。1793年，缎面彩绘，各幅39cm×29.4cm，藏于首尔大学奎章阁。

朝鲜时期，随着性理学的普及，各地区的书院和祠堂不断增加，供奉在书院和祠堂的人物像也随之增多。朝鲜后期，这种风气不断传播开来，有名望的士大夫们都对肖像画表现出浓厚的兴趣，纷纷请画工为自己画像。

现在我们见到的肖像画大部分是朝鲜后期绘制的，这也反映出那个时代对肖像画的需求。特别是留下了汇总要臣们肖像画的画集《先贤影帧帖》和《缙绅画像帖》等。大量制作社会名人肖像画的需求不仅对提高画工的技术，而且对增加其收入、提升其社会身份等都有所帮助。

出现在肖像画上的面部痘印

　　朝鲜后期的肖像画中，我们经常可以发现人物面部的麻斑，这说明肖像画中的人物可能得过水痘。从许多高官名相画像中面部存在麻斑这一事实可以推断，当时的普通百姓也必定饱受水痘之苦。

　　《缙绅画像帖》中收录着英祖到纯祖年间22位官吏的画像，这些官吏主要是英祖末年以后六曹的判书、参判和参议，其中有5位的面部有鲜明的痘印。朝鲜后期肖像画连人物面部的痘印都详细描绘下来，为我们了解当时的社会百相提供了一定的帮助。

《缙绅画像帖》中的吴载绍画像

　　《缙绅画像帖》收录了22位从英祖到纯祖年间官吏的画像，这些官吏主要是英祖末年以后六曹的判书、参判和参议，也包括历任庶尹和郡守。19世纪初，绢面彩绘，44.6cm×32.2cm，藏于首尔大学奎章阁。

朝鲜时期肖像画的人物除了国王、王妃、功臣、僧侣外，还有普通士大夫、夫妻等。在肖像画中，国王的画像叫"御真"或"御容"，其余则有诸如"肖像""画像""影帧""图像""真像""真影""遗像"等多种称呼。①在众多的称呼中，含"真"字的词汇很多，从这一点我们也可以看出，一根毛发、一个痘印都要完美呈现的朝鲜时期肖像画的精致主义原则和求真精神。肖像画最重要的是"写实"，不仅要如实呈现人物的外貌，还要正确把握人物的特征以及内在性格，即要做到"传神"。"传神"是"传神写照"的简称，意思是"通过外形来传递精神"，即人物的人格、气质、品性等内在精神也要呈现于画面。反映人物精神的地方，如面部肌肉、颧骨、嘴唇、两颊等都不可忽视。如果所画之人为国王，那么单观其面相就应让人产生敬畏之心，其性格和内在精神更应该如实呈现于画面。从这一点中，我们可以推测，御真的制作需要倾注相当多的精力，其制作过程也充满着紧张感。

我们可以从有关御真的仪轨中了解到御真制作的全过程。前人将绘制国王画像的全过程以"仪轨"这一国家级别的记录形式流传于世，为后世制作国王御真的工作提供了典范。有关御真制作的各种文书、画工的选拔过程、所需物品的数量等条目都详细记录于仪轨中，后世制作肖像画时，参照这些记录可以最大限度地避免在此过程中常犯的错误，亦可以按照礼法有序地制作肖像画。

绘制御真的画工们

据仪轨所记，御真是由当代最著名的，尤其是擅长人物画的画师绘制而成。但是对画师来说，无论拥有多么强大的心脏，紧紧地盯着国家最高掌权者——国王的面部并绘制画像，都是一件让人高度紧张的事情。

朝鲜时期的代表画家是隶属国家机关——图画署的正式画家，即画工。画工与士大夫出身的画家是引导朝鲜时期绘画发展的中坚力量。士大夫出身的画家出于自身的兴趣爱好而进行绘画创作，而画工则是专门从事绘画的人员，相当于现在的职业画家。当时，供职于图画署的人员以及曾经供职于图画署的人员都被称为

---

① 〔韩〕李泰浩：《朝鲜后期绘画的写实精神》，学古斋，1996，第 289~290 页。

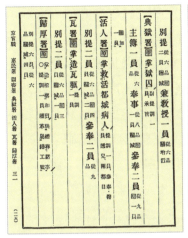

图画署规章

此资料记录了图画署各级官吏姓名及级别，由礼曹判书兼任图画署提调。见于《大典会通》。

"画工"。

制作御真的画工大体可以分为主管画师、同参画师和随从画员三种。主管画师负责绘制国王画像中最重要的部分——面部以及整体轮廓，同参画师和随从画员则需辅助主管画师完成绘制工作。一旦定下御真制作的主管画师，图写（以在世国王为模板进行绘画创作）或模写（以去世国王的画像或资料为基础进行绘画创作）等相关工作就正式开始了。主管画师进行绘画创作时会配给一两名同参画师和三四名随从画员进行辅助性工作。同参画师负责绘制衣服之类的部分以及上色，随从画员则负责准备画像制作过程中所需的各种材料。对随从画员来说，这也是一个学习如何制作画像的机会。

御真制作完成后，画工们一般会得到职务上的升迁或以马匹为奖品的物质奖励。特别是主管画师，一般会得到诸如"当代最具实力的画家"之类的评价，被称为"御容画师"。同时，名声大噪的主管画师也会得到士大夫群体的青睐，为他们制作各种肖像画，如此一来，主管画师不仅进一步提高了声望，经济状况也会随之改善。

太祖御真

　　高宗九年，为替换全州庆基殿中供奉的太祖御真，由当时最优秀的画工以永禧殿中的太祖画像为底本移模而成，即此御真绘于1872年，是移模1396年的旧照而成。赵重默等人绘制，缎面彩绘，218cm×150cm，藏于全州庆基殿。

　　但是，制作御真的画家除了图画署画工外，还会从全国各地的善画者中选拔擅长人物画的画员。《朝鲜王朝实录》和《承政院日记》等编年史史料和各种相关仪轨中都曾出现选拔画员的记载，特别是肃宗十四年（1688）的《影帧模写都监仪轨》，其中详细记录了选拔画员的过程。

　　肃宗时期，决意制作太祖御真。由于经历多年战乱，可以参考的资料几近消失，选拔画员的过程也因此变得异常严苛。

　　除了当时图画署的画工韩时觉、许义顺、尹商翊外，遂安郡郡守申范华也因"自小通画法，擅描绘"而得到当时御真制作负责人金寿兴的推荐，与擅长人物画的曹世杰①、宋昌叶一起在首尔参加了选拔。选拔赛以绘制功臣画像为题目，要求参与者展现自己的实力。这是在国王御真制作之前进行的一次实际技能考核。

　　经过考核，画工尹商翊和平壤出身的前任官员曹世杰展开了最后的较量，曹世杰的考核成绩虽然靠前，但尹商翊得到了"年少目明，擅于模写"的评价，因此决定在两人中选择一位作为主管画师，然而两人胜负难分。于是，命他们同时制作御真正本，从中择优。最终，尹商翊的正本被采用，

---

①　朝鲜后期的画家曹世杰（1635~？）为金明国门下弟子，官至金使。其作品以浙派风的山水画和细腻的实景画最为著名，有《谷云九曲图》和《仙人围棋图》等画作流传于世。

与此同时，曹世杰的正本与两人在此期间所绘制的草图被付之一炬。①御真的底本大都用柳木炭条或水墨绘制，经过上色，正本御真才算制作完成。

英祖十一年（1735）世祖影帧模写时，画工朴东普、张得万、李治，湖南画师金翊胄、梁希孟，以及对人物画有独到见解的士大夫尹德熙、赵荣祐②等人均被举荐，但在后来的考核比赛中，只有画工得以参加。李治与金翊胄经过最终角逐，前者胜出，其作品被选为御真正本。

正祖时期曾对完成的御真草图进行投票表决，正祖、诸大臣以及参与御真制作的画工李命基、金弘道等各占一票，讨论选出最为优秀的作品。这说明，在御真制作过程中曾经绘制过很多草图，最终会从中选出完成度最高的草图，作为底本制作御真正本。

史料记载的御真制作过程

朝鲜时期，绘制御真是一项国家级别的工程，所以国家特设都监主持工作，完成后再制作仪轨。"御容图写都监仪轨"和"影帧

徐直修画像

其面部与身体各由金弘道、李命基绘制而成。御真的绘制通常也是分工完成的，主管画师负责绘制面部，同参画师负责服饰，随从画员负责上色。1796 年，金弘道、李命基，缎面彩绘，148cm×73cm，藏于韩国国立中央博物馆。

---

① 为防止底本外流而烧毁。参见〔韩〕金芝英《18世纪画工的活动与其作品的变迁》，《韩国史论》32 辑，首尔大国史学科，1994，第 20~21 页。

② 赵荣祐（1686~1761），号观我斋，擅长山水画与人物画，精通诗词、书法，与郑敾、沈师正一起并称"三斋"。

英祖和正祖的肖像画作者——金弘道

　　金弘道是以绘制庶民日常生活而著称的风俗画画家。实际上，他对山水、仙佛、花鸟、鱼蟹等无不擅长，尤其是在制作国家记录画和肖像画时，都展现出非凡的才能。

　　金弘道师从姜世晃，姜世晃在《金弘道传记》中记载，"金弘道曾受命为英祖大王绘制御真，后也受命于正祖，所绘之御真画作甚合王意，被特命为管理驿站马匹的察访[①]"；"英祖末年下令绘制御真，当时曾选拔擅长绘制传神之作的画工、画家，金弘道入选其中。任务结束后论功行赏，金弘道被任命为司圃署（提供食物供给的官厅）别提[②]"。从以上记录来看，金弘道参与了英祖和正祖的御真绘制工作，并因此被任命为朝廷官员。

　　金弘道的风俗画展现了朝鲜后期百姓的生活百态，其中的每个人物都具有其独特的个性。在将朝鲜后期百姓的形象如实描绘成画的金弘道的眼中，国王是一个怎样的形象呢？或许，通过英祖的御真我们可以略窥一二。

英祖大王半身像

　　头戴翼善冠、身着衮龙袍的英祖。1900年，缎面彩绘，110cm×68cm，藏于韩国国立故宫博物馆。

---

① 朝鲜时期各道管理驿站相关事务的从六品文职。——译者注
② 朝鲜时期调查官署账簿的六品官员。——译者注

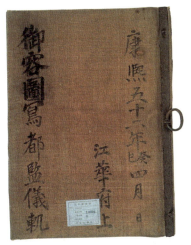

模写都监仪轨"就是记录御真制作过程的仪轨。"图写"指的是直接描绘，即以在世国王为模板直接绘制御真；而"模写"指的是以某一画作为模板进行间接描绘，常用于复原破损的御真或制作新供奉的御真，往往需要以原御真为模板进行绘制。后代绘制去世国王的御真时，需要翻阅很多历史资料以做到最大限度地接近去世者生前的模样，这种情况也叫"模写"。

影帧的绘制从朝鲜初期开始就一直不间断地进行着，绘制工作主要由图画署的画工担任。但经过壬辰倭乱和丙子之役后，王宫殿宇多有毁损，保存于各殿的大部分历代国王影帧也遭到损坏，很多影帧都需要修补或模写。肃宗朝以前，对历代国王的影帧只是进行部分简单的修补；肃宗朝时开始重建国家秩序，影帧的制作工作也随之步入轨道。

如今，共有 9 部直接记录御真制作过程的仪轨流传于世。这些仪轨中年代最久的当属肃宗十四年（1688）记录太祖御真制作过程的《太祖大王影帧描写都监仪轨》。这一仪轨记录了由于庆基殿的太祖影帧受到破坏而将其移至首尔制作新御真的过程。

肃宗三十九年（1713）的《御容图写都监仪轨》记录着

制作肃宗御真的全过程；英祖朝时制作了《世祖大王影帧描写都监仪轨》和《肃宗大王影帧描写都监仪轨》；宪宗在位时的 1837 年制作了模写太祖御真的《影帧模写都监仪轨》；高宗朝时制作的记录太祖御真模写过程的仪轨更是多达三部（分别在 1872 年、1901 年、1902 年）。

1902 年制作了记录高宗御真与皇太子睿真绘制过程的《御真图写都监仪轨》。以上 9 部仪轨中有 7 部是记录以既存画像为模板制作御真的"描写都监仪轨"，有 2 部是记录以在世国王为对象制作御真的"图写都监仪轨"。

从现存的仪轨记录来看，朝鲜时期制作了不少历代国王的御真，但如今流传于世的只有 3 幅，即高宗九年（1872）模写的太祖全身像（藏于全州庆基殿），1900 年绘制的英祖半身像（藏于韩国国立故宫博物馆）以及未被完全烧毁的哲宗御真（藏于韩国国立故宫博物馆）。

从 1934 年编纂的《璇源殿修改誊录》中看，当时的昌德宫内供奉着太祖、世祖、元宗（仁祖之父）、肃宗、英祖、正祖、纯祖、翼宗（纯祖之子）、宪宗、哲宗、高宗、纯宗等国王的御真，但是，由于当时的朝鲜半岛处于战乱之中，烽火连天，保存御真的仓库遭遇火灾，画像也一同被毁。[①] 到了现代，由朝鲜时期画家们绘制的御真大都失传，许多宝贵的历史资料也一同流失了。

现存的图写都监仪轨

在御真相关仪轨中，《图写都监仪轨》记录着以在世国王本人为模板绘制御真的全过程，从这一点上看，《图写都监仪轨》具有很大的历史价值。现存的两部《图写都监仪轨》中有一部是 1713 年制作的，即《肃宗大王御容图写都监仪轨》。此仪轨记录着以肃宗本人为模板绘制御真的全过程，但遗憾的是，其中并无有关御真的图说或班次图。

《肃宗大王御容图写都监仪轨》记录了从设置都监的四月十日起到对参与人员进行褒奖的五月二十二日间共 43 天的行事安排。此间共制作出 2 幅肃宗御容画像，分别保存于永禧殿和江华岛的长宁殿中。参与御真制作的主管画师为秦再奚，

---

① 〔韩〕赵善美：《韩国肖像画研究》，悦话堂，1983。

御真的保管

朝鲜时期，供奉国王御真的宫殿被称为"真殿"。太祖的御真被单独供奉在一个真殿中，其他国王的御真则被共同供奉在另外的真殿中。供奉太祖御真的宫殿有首尔的文昭殿、开城的穆清殿、青州的集庆殿、平壤的永崇殿、全州的庆基殿、永兴郡的浚源殿。景福宫里则另辟璇源殿，供奉着除太祖外历代国王和王妃的影帧。

但在朝鲜前期，经历过壬辰倭乱和丙子之役后，大部分真殿被毁，其规制也随之发生变化。1677年，在首尔南部的熏陶坊（现明洞圣堂位置）建造南别殿（后改名永禧殿），在江华岛设置长宁殿和万宁殿分别供奉肃宗和英祖的御真。肃宗死后，又在昌德宫内设置璇源殿供奉历代国王的御真。

英祖、正祖时期，随着御真图写工作的日益活跃，除既存的真殿外，其他宫中也开始供奉御真，毓尚宫、景慕宫、显隆园、奎章阁等都曾保管过御真，纯祖朝时在水原建造的华宁殿也曾保存过正祖的御真。朝鲜王朝灭亡时，供奉历代国王御真的璇源殿、永禧殿、浚源殿、庆基殿、穆清殿等太祖真殿以及其他小型的御真奉安处只剩下空荡荡的建筑物，而不见御真。

全州庆基殿（左）

图为1614年重建的供奉太祖李成桂御真的真殿。该殿始建于1410年，名御容殿，后改称庆基殿，壬辰倭乱时期毁于大火。©Kim sung-chul

水原华宁殿（右）

供奉正祖御真的真殿。纯祖元年（1801）建于华城行宫附近，1920年正祖御真移至昌德宫，华宁殿祭享终止。©水原市华城事业所

同参画师为金振汝、张泰兴、张得万，随从画员为秦再起、
许俶。

　　1902 年的《御真图写都监仪轨》记录了制作高宗御真
和皇太子睿真的全过程，这一仪轨代表了所有御真图写都监
仪轨的最高水准。比起肃宗朝的仪轨，该仪轨的内容更加详
细，图片也更为丰富，不仅绘制了皇帝安坐的龙床、皇太子
的龙交椅以及五峰屏、插屏等各种王室用具，还将它们的规
模、尺寸等用文字一一记载下来，甚至连御真完成后举行奉
安仪式的班次图都收录其中，使我们能更加清楚地了解御真
制作的相关事宜。

　　仪轨中首先收录了国王下达的御真制作诏敕①，这意味着
御真制作工程正式拉开序幕；紧接着记载了都监官员齐聚一
堂商议御真制作事宜的过程；随后附有皇帝批复的各种文书，
工程所需的物品种类及费用明细，参与人员名单，以及论功
行赏的相关内容。当时都监的总负责人是议政大臣尹容善，

---

①　诏敕是指国王的命令或指示。原使用"传教"一词，大韩帝国成立后，随着
　　国家最高统治者的身份由国王升级为皇帝，开始使用"诏敕"这一皇帝专用
　　的词语。

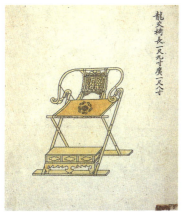

插屏（左上）、龙床（右上）、
龙交椅（左下）、五峰屏
（右下）

五峰屏与插屏是肖像画制作中常用的屏风，屏风上绘制的是日月五峰山图。红色的太阳象征国王，白色的月亮象征王妃，五个山峰代表昆仑山脉，象征王室的尊严。龙交椅为国王临时使用的折叠椅子。收录于《御真图写都监仪轨》。

绘制御真的主管画师为赵锡晋[①]和安中植[②]，同参画师为朴镛薰、洪义焕，随从画员为全修默、白禧培、赵在兴、徐元熙。

赵锡晋是朝鲜时期图画署的最后一批画工之一，1881 年与安中植一起作为领选使[③]，以制图士的身份被派往中国。安

---

① 赵锡晋（1853~1920）与安中植被称为朝鲜末期的"画坛双壁"。赵锡晋从小跟随供职于图画署的祖父学习绘画，擅长绘制山水、人物、花鸟，为书画美术院（韩国最早的具有近代性质的美术教育机构，成立于 1911 年。——译者注）培养了一大批青年画家。

② 安中植（1861~1919），朝鲜后期画家，擅于描绘山水、人物、花鸟等，在楷书、行书、草书方面也有深厚的造诣。1918 年民族书画家们成立了书画协会，安中植当选为第一任会长，被视为朝鲜当时书画界的一盏指明灯。

③ 朝鲜半岛开化期最早一批被派往中国学习西方科学技术的使者。——译者注

中植是张承业（号吾园）的门下弟子，与赵锡晋是一生的挚交，两人被称为当时朝鲜画坛的两大泰斗。

高宗的御真被制成很多版本，有冕服本、翼善冠本、军服大本、军服小本等。每幅肖像画都是先用油纸临摹上色，然后将其移制于丝绸上，经过上色后裱褙装帧。

仪轨的编纂是在护卫营的新营中进行的，共制有 5 部，据史料记载，分别被保管于奎章阁、侍讲院、掌礼院、江陵五台山史库、江华岛。

从班次图中看御真奉安时的轿辇队列 ①

与御真制作相关的另一件大事也足以引起我们的注意，那就是御真制作完成后举行奉安式时的队列。这一场景被绘制成班次图，由此可以看出，奉安式是当时相当受重视的仪式。《高宗御真图写都监仪轨》的末尾附有高宗御真和皇太子睿真奉安队列的班次图，共 26 页。由于高宗升格为大韩帝国的皇帝，平壤也随之升级为国都，因此高宗和皇太子的肖像画均要安放于此。

通过班次图我们可以看出，当时的队列主要分为前后两个部分，前半部是负责皇帝御真的队列，后半部是负责皇太子睿真的队列。

负责皇帝御真的队列中，走在最前面的是道路差使员，接着是骑马前行的地方官和观察使。在此三人之后是负责前方护卫的前射队士兵，前射队末尾是负责指挥前射队士兵的尉官。尉官的身后跟随着侍从和主事，然后是身着黄衣、拥抬香亭和龙亭 ② 的队列。随后是执金钺斧、黄阳伞、水晶杖等物品的仪仗队，佩带云剑 ③ 的武官以及近仗军士等。近仗军士的后面是直接接受典乐 ④ 指挥的前方鼓吹乐手，其后便是放置皇帝御真的轿辇部分。御真轿辇的前方中央站立着司禁和别监，左右两边由开城队士兵护卫。御真轿辇由 18 名身着黄衣的轿夫共抬，轿辇后跟着后方鼓吹乐手。

---

① 以下关于《高宗御真图写都监仪轨》的说明，参见〔韩〕吴洙彰《高宗御真图写都监仪轨题解》，奎章阁，1996。

② 盛放皇帝诏书、玉册、御宝等物品的形似亭子的轿辇。——译者注

③ 国王巡幸时负责近身护卫的两名武士随身佩带的大刀。——译者注

④ 朝鲜时期掌乐院中负责礼乐相关事宜的官职。——译者注

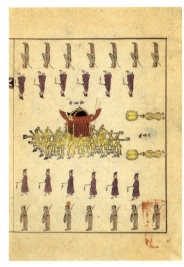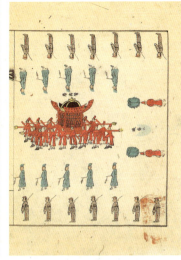

皇太子睿真的奉安队列
大致与皇帝御真奉安队列相
同，不同的是，与皇帝相关
的物品使用的是黄色，与皇
太子相关的物品使用的则是
红色。收录于《御真图写都
监仪轨》。

　　接下来是皇太子睿真的奉安队列，其构成与皇帝御真队
列大体相同；不同的是，皇太子睿真奉安队列中，香亭、龙
亭以及放置睿真的轿辇都是红色的，而高宗睿真奉安队列中
以上物品皆为黄色。这是因为，在古代人的意识中，颜色也
反映了尊卑差异。黄色为皇帝的专用颜色，皇太子则往往用
红色。仪轨的班次图中也反映出了这一点。

　　从御真和睿真奉安队列班次图中我们可以知道，御真奉安
仪式在当时是一项重大国事，同时，班次图中所提供的仪仗、
服饰、护卫队规模等信息无疑也成为研究传统社会的重要史料。

　　遗憾的是，仪轨最核心的部分，即御真并没有收录其
中。但是，从这些仪轨中，我们不仅知道了朝鲜时期一直在
持续制作国王肖像画这样一个历史事实，还了解到御真制作
的过程、保管御真的场所、画工的参与过程及完成后的论功
行赏等方面的信息，对了解当时的著名画师在各个时期的社
会活动也有一定的帮助。而有关御真制作过程中的各种图说
以及御真奉安队列的班次图更是将当时仪式的场面活灵活现
地展现在我们面前。

《徽庆园园所都监仪轨》

　　1993 年法国总统密特朗对韩国进行国事访问，与当时的韩国总统金泳三进行会谈时表示有意将外奎章阁仪轨归还韩国，并于会谈第二天，将《徽庆园园所都监仪轨》中的一卷归还给韩国政府。据相关人士分析，当时韩国准备建设京釜高速铁路，与德国、日本展开激烈竞争的法国想要获得韩国的好感，于是做出了这一决定。但是法国国家图书馆管理者对外奎章阁仪轨归还一事表示强烈反对，所以即便法国 TGV 最终获得了京釜高速铁路的敷设权，到目前为止，法国再没有归还给韩国政府任何御览用仪轨。

第三编

御览用仪轨的辉煌与劫难

仪轨中最令人瞩目的是以进呈国王御览为目的制作的仪轨，通常被称为『御览用仪轨』。国王亲阅后的御览用仪轨通常被保存在奎章阁内，1782 年江华岛上的外奎章阁建成后，这些仪轨就被移至外奎章阁保管。御览用仪轨使用的纸张为高级草注纸，仪轨由写字官用楷书精心誊录后呈国王御览，纸张上的边框用红色线条装饰，更平添王室的威严。『御览用仪轨』边线的装订不是用线，而是使用了高级的黄铜，用五个『朴乙丁』固定后，再用磨花制成的『菊花童』装饰边线，最后用红色的绸缎包装书皮，尽显王室的华丽与尊贵。

第一章

御览用仪轨和分上用仪轨

国王亲阅的仪轨——御览用仪轨

仪轨中最令人瞩目的是以进呈国王御览为目的制作的仪轨，被称为"御览用仪轨"。国王亲阅后的御览用仪轨通常被保存于奎章阁内，1782 年江华岛上的外奎章阁建成后，这些仪轨被移至外奎章阁保管。

御览用仪轨使用的是高级草注纸，由写字官 ① 用楷书精心书写后进呈国王御览，纸张上的边框用红色线条装饰，更平添王室的威严。御览用仪轨边线的装订不是用线而是使用了高级的黄铜，用五个"朴乙丁"（装订钉）固定后，再用磨花制成的"菊花童"装饰边线，最后用红色的绸缎包装封皮，尽显王室的华丽与尊贵。

普通仪轨使用的是比草注纸质量稍微逊色的楮注纸，纸张上的边框由黑色线条装饰，封皮使用的是麻布。仪轨记录的是国家重要的礼仪活动，所以普通仪轨的书写与装帧虽比不上御览用仪轨的尊贵与华丽，但也不失庄重与体面。

---

① 承文院或奎章阁中记录外交文书、王室文书的官员。

御览用仪轨与分上用仪轨的材料

御览用仪轨

封皮材料：草绿轻光绸，2尺2寸

题目材料：白轻光绸，长7寸，宽1寸

红挟材料：红轻光绸，长7寸，宽5分

面纸（封皮里面的扉页）：草注纸，2张

后褙（后封皮的裱褙）：玉色纸，1张

镶边：豆锡

其他：菊花童、朴铁圆环（铁质圆环）

分上用仪轨

封皮材料：红正布，2尺2寸

褙接①：白休纸

面纸：楮注纸，2张

后褙：玉色纸，1张

其他：正铁、边铁、朴铁圆环、合胶末（掺杂阿胶粉），3升

御览用仪轨与分上用仪轨

左边为《永禧殿营建都监仪轨》的封面与班次图，右边为《仁元王后祔庙都监仪轨》的封面与班次图。《永禧殿营建都监仪轨》为御览用仪轨，《仁元王后祔庙都监仪轨》为分上用仪轨。藏于首尔大学奎章阁。

---

① 将单张的仪轨叠在一起，盖上纸张或布块，再用胶粘起来。

外奎章阁的御览用仪轨

正祖朝之前，御览用仪轨经国王阅览后保管于奎章阁，但由于奎章阁位于宫阙中央，当有外敌入侵或内部政变时，奎章阁资料的安全很容易受到威胁。于是，正祖命令在自高丽王朝起就被称为"国家避难所"的江华岛建立奎章阁分馆。

正祖六年（1782）二月，在正祖的密切关注下，江华岛外奎章阁建成，江华留守上呈了工程竣工报告，而这时距离1781年三月正祖颁布建设命令仅仅过了十一个月。江华岛外奎章阁担负着保管王室资料及重要书籍资料的职责，在建成后的百余年里，外奎章阁成为朝鲜后期王室文化的宝库。据1784年的《奎章阁志》①记载，外奎章阁建筑规模为6间，位于江华岛行宫东侧。

在江华岛建造行宫与殿阁、保管与王室有关的资料始于

---

① 　正祖八年（1784）刊行，记载了奎章阁的历史沿革及其制度、仪式等。

《芭蕉图》

以芭蕉来象征儒生的高洁品质，始于中国唐代书法家怀素的作品。正祖诗文书画皆出众，此《芭蕉图》与其另一幅作品《菊花图》很好地表达了正祖的文人情怀。朝鲜正祖，纸面水墨画，84.2cm×51.3cm，藏于东国大学博物馆。

仁祖时期，到了正祖时期，为更加系统地保管王室资料，又在国防相对安全的江华岛建造了外奎章阁。奎章阁设于国王居住的昌德宫内，引导着朝鲜后期的文化走向，外奎章阁作为其分馆，也被称为"奎章外阁"。

江华岛朝鲜宫址的发掘与外奎章阁的复原

以江华岛外奎章阁遗址为重点发掘对象的朝鲜宫址发掘工作始于 1995 年 12 月，止于 2001 年 10 月。此次发掘工作由汉林大学博物馆主管，通过发掘，明确了朝鲜宫址的建筑范围以及各建筑物的规模与特征。发掘工作结束后，在江华郡政府的支持下，外奎章阁建筑得以复原。但朝鲜宫址的保护工作仍需加强，江华行宫、长宁殿、万宁殿等建筑仍有待复原。

江华岛外奎章阁挖掘与复原现场

从上而下依次为遗址构造图、外奎章阁原址图与复原的外奎章阁。复原的外奎章阁是在《江华府宫殿图》中的外奎章阁原址上建造的。

正祖时期建造的奎章阁，随着其声名不断扩大，渐渐成为历代国王手书及国家重要典籍的保管所，其中史料价值更高的藏书后被移至外奎章阁保管。由此观之，外奎章阁可谓重中之重。国王亲自阅览的御览用仪轨大部分都保存于外奎章阁，到了纯祖时期，外奎章阁保存了包括仪轨在内的共计1000余种、6000余册图书。

被法军劫掠的仪轨

外奎章阁毁于丙寅洋扰时期。当时，在江华岛登陆的法国军队遭遇到朝鲜军队的顽强抵抗，撤退时竟然向韩国的民族文化宝库——外奎章阁伸出了魔掌。使他们眼睛发亮的除了19箱白银之外，还有缎面装帧的彩绘御览用仪轨。当时的法国军队掠夺了共计189种、340余册古籍及其他资料后，将外奎章阁建筑焚烧殆尽，外奎章阁中余下的5000余册珍贵书籍在烈火中化为灰烬。被法军掠夺的297册仪轨现保存于法国国家图书馆内。经调查，其他被法军掠夺的物品如下。

草订① 大图书 300 卷 / 草订小图书 9 卷

白箱内小图书 13 卷

小册子 10 卷 / 小册子 8 卷

韩国·中国·日本地图 1 幅 / 平面天体图 1 幅

含有记录性文字的卷轴 7 幅

汉文镌刻的灰色大理石板 3 块

内装白色大理石板的铜合页小箱子 3 个

铠甲与钢盔 3 副 / 面具 1 副

---

① 临时装订。——译者注

第二章

外奎章阁仪轨的归还与实地考察

与法方的交涉

丙寅洋扰时被法国军队掠夺的仪轨在当时并未得到法国政府的关注，法国国家图书馆甚至将其错误地归类为"中国图书"。直到 1975 年，法国国家图书馆的非正式工作人员朴炳善博士发现了保存于此的朝鲜王朝时期御览用仪轨，并整理了相关目录，将其公布于世。正因为这些在异国他乡忘我工作、无私奉献的韩国人，才使得外奎章阁仪轨在被掠夺百

外奎章阁周边的法国军队

江华府的官衙与行宫，以及在外奎章阁周边行进的法国军队。Zuber,H.。

《徽庆园园所都监仪轨》

　　1993 年 9 月回归韩国的《徽庆园园所都监仪轨》的封皮与正文。此封皮是后代改加上去的，最初并不是丝绸封面。从正文红色的边框中可以看出，此为御览用仪轨。

余年后重新绽放光彩。

　　外奎章阁仪轨公之于世后，首尔大学于 1991 年向韩国政府提交了要求政府出面推进外奎章阁 191 种、297 册古籍归还的申请，此份申请的拟定由首尔大学国史学专业李泰镇教授、法学专业白忠铉教授担任顾问。1992 年 7 月大韩民国外务部向法国政府提交了外奎章阁藏书目录，并正式提出了归还外奎章阁藏书的要求。

　　1993 年，时任法国总统密特朗访问韩国时，归还了《徽庆园园所都监仪轨》一册，并表明有意归还其他图书。这是法国一种策略。当时韩国正准备建设京釜高速铁路，为争夺铁路敷设权，法国与日本、德国展开了激烈竞争，归还仪轨的这一决定同时也包含着想要取得铁路敷设权的意图。最终，虽然法国 TGV^① 取得了京釜高速铁路的敷设权，但御览用仪轨却至今仍未归还韩国。

　　后来，针对返还外奎章阁仪轨一事，法国提出了"等价

---

　　①　TGV 即 train à grande vitesse，法国高速铁路系统。——译者注

交换"的原则。所谓的"等价交换",是指韩国若想让法国
归还外奎章阁仪轨,必须用其他等价的文化财产与之交换。
但韩国方面表示,不会用国内其他文化财产去交换被掠夺的
外奎章阁藏书。

1998 年,金大中总统与法国希拉克总统就外奎章阁仪轨
归还一事举行会谈,决定将其降级为民间层次的磋商,韩国精
神文化研究院院长韩相震与法国的雅克·萨卢瓦分别被任命为
两国民间协商的代表。

2000 年,韩法两国总统再次讨论了外奎章阁藏书问题的
处理原则,并达成共识,即韩国可以用非御览用仪轨与法国
收藏的御览用仪轨进行交换,法国收藏的仪轨孤本韩国可以
用同一时期的非御览用仪轨交换。这一处理原则引起了韩国
国民的愤怒,声讨运动此起彼伏,因为这与之前的"等价交
换"如出一辙。

外奎章阁仪轨的实地考察

2001 年 7 月法国政府向韩国转交了《外奎章阁 297 册图

书的实态调查报告》，这一报告是对 1999 年韩相震代表向法方提出的"调查外奎章阁藏书实态"等意见的回复。但由于报告的内容存在很多不足，韩国决定派由国内专家组成的考察团亲赴法国实地考察。

　　2002 年 1 月和 7 月，韩国考察团赴法国对外奎章阁仪轨进行了实地考察。一次考察的参与人员有笔者二人和前韩国精神文化研究院李钟默教授，二次考察的参与人员有笔者二人、郑景姬（奎章阁）、金赫（前韩国精神文化研究院藏书阁），考察的地点为收藏外奎章阁仪轨的法国国家图书馆东方文书部。

　　考察团历经十日，对 297 册藏本进行了全面考察，一次考察中的未尽部分在二次考察中得以完成。但由于法国国家图书馆规定，一次只能借阅一本仪轨，归还后才能借阅第二本，这一借阅方式给仪轨调查带来了很大的不便。

　　考察团整理了本次调查的内容，已成书出版。①笔者将书中的考察结果简单整理如下。

---

　　① 《法国国家图书馆所藏外奎章阁仪轨调查研究》，韩国外交通商部，2003。

* 法国国家图书馆的 297 册馆藏中，除御览用仪轨之外，还有誊录①、形止案②、
分上用仪轨等。

　　* 誊录 1 册、形止案 2 册、分上用仪轨 5 册。

　　* 289 册御览用仪轨中，完整保留缎面封皮的仪轨只有 12 册（涉及 7 种仪轨）。

　　* 法国国家图书馆收藏了韩国没有的孤本仪轨 29 册、誊录 1 册，共计 30 册。

法国国家图书馆所藏外奎章阁图书

　　根据法国里昂第三大学的韩裔教授李镇明提交的报告，法国国家图书馆收藏的
外奎章图书如下。

- 仪轨 191 种，297 册（coréen 2402-2697, 2493'）
- 璇源璇系谱纪略 1 种，3 册（coréen 2124）
- 列圣御制 3 种，26 册 +4 本（coréen 2125-2134）
- 列圣御制编 1 种，2 册（coréen 2135）
- 列圣御制目录 1 种，2 册（coréen 2136）
- 枫皋集 1 种，8 册（coréen 2137-2139）
- 论语集注 1 种，2 册（coréen 2140）
- 王泮天下舆地图（Res Ge A 1120）
- 天象列次分野地图（coréen 3470）
- 卷轴 7 幅（coréen 3476-3482）
- 武安王庙碑铭 景慕官睿制睿笔
- 武安王庙碑铭 当宁宸章弘斋
- 显灵昭德武安王庙 英宗显孝王御制御笔
- 大汉朝忠节武王赞扬铭 肃宗元孝大王宸章

---

① 　誊录，即将官衙所辖业务和官衙间文书传递的信息以日记形式记录下来的一种资料。——译者注
② 　形止案是朝鲜时期文书资料的一种，用文字或图画来记载事件的始末。——译者注

- 王孙恩信君谥昭愍公神道碑
- 朝鲜国真宗大王永陵孝纯王后祔左
- 高丽古碑

遗留问题

要求法国归还外奎章阁仪轨的消息报道后，引起了韩国国民的关注，很多人正是通过这一新闻才了解到朝鲜时期仪轨的存在，同时也感叹于它鲜明的色彩与华丽的装帧。甚至有人感谢法国政府为韩国在战火中保存下了传统文化资料。但是，笔者在这里想要强调的是，仪轨之所以能够原封不动地保存至今，更多的是因为仪轨的制作采用了当时质量最为上乘的韩纸，同时，从矿物和植物中提取的天然染料使得仪轨的色彩拥有如此长久的生命力。

如此看来，仪轨能保存至今，与法国人过人的文物保管能力无关，应该归功于朝鲜时期先人们先进高超的制作方法。丙寅洋扰时期，法国军队在外奎章阁所藏的众多资料中唯独将仪轨类资料掠走的这一事实，充分证明了拥有鲜明色彩的御览用仪轨的价值及其艺术性。

如今，外奎章阁的御览用仪轨经历了一百四十多年的风雨飘摇，终于重新回到我们的视线中。最近我们还了解到，除了御览用仪轨外，法国国家图书馆还保存了《王泮天下舆地图》《天象列次分野地图》等二十多件其他资料。为找回在那段不幸的历史中丢失的文化财产，韩国应不断提高国力，培养民众对传统文化的兴趣，同时要敏锐地应对多变的国际形势，寻求合理的解决方案。

1866 年进攻江华岛的法国海军将校 Zuber 称，"我们在这里最感到惊叹、最让我们的自尊心受到冲击的是，这里无论多么贫穷的人家，无论走到哪里，都有书籍相伴"，从这段话中可以看出，大韩民族的祖先酷爱读书，大韩民族是一个在笔墨间行走的文化民族。最近，在各方努力下，保存朝鲜时期记录文化精髓的江华岛外奎章阁得以复原，在探寻文化现场、感受先人智慧与文化底蕴的同时，应该记住继承与发扬这样一种精神是每个韩国民众的责任。

附 录

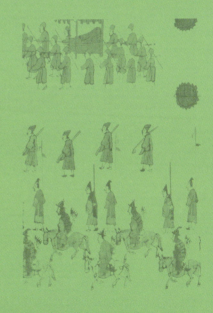

附录一　朝鲜时期主要仪轨目录

● 本书介绍的 11 类主要仪轨的目录与现状。

● 收藏地点的介绍中，"首尔大学奎章阁"简称为"奎章阁"，"韩国精神文化研究院藏书阁"简称为"藏书阁"。

● 以下表格的内容顺序为：仪轨名称、制作年代、册数、藏书地点、备注。

· 有关胎室的仪轨

仪轨名称	制作年代	册数	藏书地点
《正宗大王胎室石栏干造排仪轨》	1801 年（纯祖元年）	1 册	奎章阁
《纯祖胎室石栏干造排仪轨》	1806 年（纯祖六年）	1 册	奎章阁
《元子阿只氏藏胎仪轨》	1809 年（纯祖九年）	1 册	奎章阁
《成宗大王胎室碑石改竖仪轨》	1823 年（纯祖二十三年）	1 册	奎章阁
《景宗大王胎室石物修改仪轨》	1832 年（纯祖三十二年）	1 册	奎章阁
《翼宗大王胎室加封石栏干造排仪轨》	1836 年（宪宗二年）	1 册	奎章阁
《圣上胎室加封石栏干造排仪轨》	1847 年（宪宗十三年）	1 册	奎章阁
《太祖大王胎室修改仪轨》	1866 年（高宗三年）	1 册	奎章阁
《元子阿只氏藏胎仪轨》	1874 年（高宗十一年）	1 册	奎章阁、日本宫内厅

· 嘉礼都监仪轨

仪轨名称	制作年代	册数	藏书地点
《昭显世子嘉礼都监仪轨》	1627 年（仁祖五年）	1 册	奎章阁、藏书阁
《仁祖庄烈后嘉礼都监仪轨》	1638 年（仁祖十六年）	1 册	奎章阁
《中殿嘉礼都监仪轨》	1638 年（仁祖十六年）	1 册	法国国家图书馆
《显宗明圣后嘉礼都监仪轨》	1651 年（孝宗二年）	1 册	奎章阁、藏书阁、法国国家图书馆
《肃宗仁敬后嘉礼都监仪轨》	1671 年（显宗十二年）	1 册	奎章阁、藏书阁、法国国家图书馆
《肃宗仁显后嘉礼都监仪轨》	1681 年（肃宗七年）	1 册	奎章阁、藏书阁、法国国家图书馆
《景宗端懿后嘉礼都监仪轨》	1696 年（肃宗二十二年）	1 册	奎章阁、藏书阁、法国国家图书馆
《肃宗仁元后嘉礼都监仪轨》	1702 年（肃宗二十八年）	1 册	奎章阁、藏书阁、法国国家图书馆
《景宗端懿后嘉礼都监仪轨》	1706 年（肃宗三十二年）	1 册	奎章阁
《景宗宣懿后嘉礼都监仪轨》	1718 年（肃宗四十四年）	1 册	奎章阁、藏书阁、法国国家图书馆
《真宗孝纯后嘉礼都监仪轨》	1727 年（英祖三年）	1 册	奎章阁、藏书阁、法国国家图书馆
《庄祖献敬后嘉礼都监仪轨》	1744 年（英祖二十年）	1 册	奎章阁、法国国家图书馆
《英祖贞纯后嘉礼都监仪轨》	1759 年（英祖三十五年）	2 册	奎章阁、藏书阁、法国国家图书馆
《正祖孝懿后嘉礼都监仪轨》	1762 年（英祖三十八年）	2 册	奎章阁、藏书阁
《清瑾县主嘉礼仪轨》	1772 年（英祖四十八年）	2 册	藏书阁
《纯祖纯元后嘉礼都监仪轨》	1802 年（纯祖二年）	2 册	奎章阁、藏书阁、法国国家图书馆
《文祖神贞后嘉礼都监仪轨》	1819 年（纯祖十七年）	2 册	奎章阁、藏书阁、法国国家图书馆
《宪宗孝显后嘉礼都监仪轨》	1837 年（宪宗三年）	2 册	奎章阁、藏书阁、法国国家图书馆
《宪宗孝定后嘉礼都监仪轨》	1844 年（宪宗十年）	1 册	奎章阁、藏书阁

《哲宗哲仁后嘉礼都监仪轨》	1851 年（哲宗二年）	2 册	奎章阁、藏书阁	
《高宗明成后嘉礼都监仪轨》	1866 年（高宗三年）	2 册	奎章阁、藏书阁、日本宫内厅	
《纯宗纯明后嘉礼都监仪轨》	1882 年（高宗十九年）	2 册	奎章阁、藏书阁、日本宫内厅	
《纯宗纯宗妃嘉礼都监仪轨》	1906 年（高宗三十三年）	2 册	奎章阁、日本宫内厅	

· 国葬都监仪轨

《宣祖国葬监仪轨》	1608 年（光海君即位年）	3 册	奎章阁	宣祖
《孝宗国葬都监厅仪轨》	1659 年（显宗即位年）	2 册	奎章阁、藏书阁、法国国家图书馆	孝宗
《仁宣王后国葬都监都厅仪轨》	1674 年（显宗十五年）	3 册	奎章阁、藏书阁、法国国家图书馆	孝宗妃
《肃宗国葬都监都厅仪轨》	1720 年（景宗即位年）	2 册	奎章阁、藏书阁、法国国家图书馆	肃宗
《懿昭世孙宫礼葬仪轨》	1752 年（英祖二十八年）	1 册	藏书阁、法国国家图书馆	英祖之子
《贞圣王后国恤仪轨》	1757 年（英祖三十三年）	1 册	奎章阁、藏书阁、法国国家图书馆	英祖妃
《思悼世子礼葬都监都厅仪轨》	1762 年（英祖三十八年）	2 册	奎章阁	英祖之子、正祖生父
《英祖国葬都监都厅仪轨》	1776 年（正祖即位年）	2 册	奎章阁	英祖
《文孝世子礼葬都监都厅仪轨》	1786 年（正祖十年）	2 册	奎章阁、藏书阁、法国国家图书馆	正祖之子
《正祖国葬都监仪轨》	1800 年（纯祖即位年）	4 册	奎章阁	正祖
《孝懿王后国葬都监仪轨》	1821 年（纯祖二十一年）	4 册	奎章阁、藏书阁、法国国家图书馆	正祖妃
《显穆绥嫔礼葬都监仪轨》	1822 年（纯祖二十二年）	4 册	奎章阁、藏书阁、法国国家图书馆	正祖嫔、纯祖生母
《孝明世子礼葬都监仪轨》	1830 年（纯祖三十年）	4 册	奎章阁、藏书阁、法国国家图书馆	纯祖之子、宪宗生父
《纯祖国葬都监仪轨》	1834 年（宪宗即位年）	4 册	奎章阁、藏书阁、法国国家图书馆	纯祖
《明成皇后国葬都监仪轨》	1898 年（高宗三十五年）	5 册	奎章阁、藏书阁、日本宫内厅	高宗皇后
《高宗太皇帝御葬主监仪轨》	1919 年	3 册	藏书阁	高宗
《纯宗孝皇帝御葬主监仪轨》	1926 年	3 册	藏书阁	纯宗

· 有关实录编纂的仪轨

《仁祖大王实录纂修厅仪轨》	1653 年（孝宗四年）	1 册	奎章阁、藏书阁	编纂《仁祖实录》
《宣祖大王实录修正厅仪轨》	1657 年（孝宗八年）	1 册	奎章阁、藏书阁	修正《宣祖实录》
《孝宗大王实录纂修厅仪轨》	1661 年（显宗二年）	1 册	奎章阁、藏书阁	编纂《孝宗实录》
《显宗大王实录纂修厅仪轨》	1675 年（肃宗元年）	1 册	奎章阁、藏书阁	编纂《显宗实录》
《显宗大王实录改修厅仪轨》	1680 年（肃宗六年）	1 册	奎章阁、藏书阁	修订《显宗实录》
《端宗大王实录附录纂集厅仪轨》	1704 年（肃宗三十年）	1 册	奎章阁	增补《端宗实录》附录
《肃宗大王实录纂修厅仪轨》	1721 年（景宗元年）	2 册	奎章阁	编纂《肃宗实录》
《英宗大王实录纂修厅仪轨》	1776 年（正祖即位年）	2 册	奎章阁、藏书阁	编纂《英祖实录》
《景宗大王修正实录仪轨》	1778 年（正祖二年）	1 册	奎章阁、藏书阁	修正《景宗实录》
《正宗大王实录删节厅仪轨》	1800 年（纯祖即位年）	1 册	奎章阁、藏书阁	编纂《正祖实录》
《纯祖大王实录仪轨》	1838 年（宪宗四年）	1 册	奎章阁	编纂《纯祖实录》
《宪宗大王实录厅仪轨》	1850 年（哲宗元年）	1 册	奎章阁、藏书阁	编纂《宪宗实录》
《哲宗大王实录厅仪轨》	1864 年（高宗元年）	1 册	奎章阁、藏书阁	编纂《哲宗实录》

· 宗庙仪轨与社稷署仪轨

《宗庙仪轨》	1667 年（显宗八年）	4 册	奎章阁
《宗庙仪轨续录》	1706 年（肃宗三十二年）	1 册	藏书阁
《宗庙仪轨续录》	1741 年（英祖十七年）	2 册	奎章阁
《宗庙仪轨续录》	1770 年（英祖四十六年）	1 册	藏书阁
《社稷署仪轨》	1783 年（正祖七年）	3 册	奎章阁
《宗庙仪轨续录》	1785 年（正祖九年）	1 册	藏书阁
《宗庙仪轨》	1793 年（正祖十七年）	1 册	藏书阁
《宗庙仪轨》	1800 年（纯祖元年）	1 册	藏书阁
《宗庙仪轨续录》	1820 年（纯祖二十年）	1 册	奎章阁、藏书阁
《宗庙永宁殿增修都监仪轨》	1836 年（宪宗二年）	1 册	奎章阁、藏书阁
《宗庙仪轨续录》	1842 年（宪宗八年）	1 册	奎章阁、藏书阁
《社稷署仪轨》	1842 年（宪宗八年）	5 册	藏书阁
《宗庙仪轨》	1907 年以后	1 册	藏书阁
《宗庙永宁殿仪轨》	1942 年	1 册	藏书阁

· 有关宝印的仪轨

《金宝改造都监仪轨》	1705 年（肃宗三十一年）	1 册	奎章阁、法国国家图书馆
《玉印造成都监仪轨》	1735 年（英祖十一年）	1 册	奎章阁、法国国家图书馆
《宝印所仪轨》	1876 年（高宗十三年）	1 册	奎章阁、藏书阁、日本宫内厅

· 大射礼仪轨

《大射礼仪轨》	1743 年（英祖十九年）	1 册	奎章阁

· 华城城役仪轨

《华城城役仪轨》	1801 年（纯祖元年）	9 册	奎章阁、藏书阁

· 有关宫中宴会的仪轨

《进宴仪轨》	1719 年（肃宗四十五年）	1 册	奎章阁
《进宴仪轨》	1744 年（英祖二十年）	1 册	奎章阁
《受爵仪轨》	1765 年（英祖四十一年）	1 册	奎章阁
《园幸乙卯整理仪轨》	1798 年（正祖十九年）	8 册	奎章阁、藏书阁、日本宫内厅
《己巳进表里进馔仪轨》	1809 年（纯祖九年）	1 册	大英图书馆
《惠庆宫进馔所仪轨》	1809 年（纯祖九年）	1 册	藏书阁
《慈庆殿进爵整礼仪轨》	1827 年（纯祖二十七年）	1 册	奎章阁、藏书阁
《进爵仪轨》	1828 年（纯祖二十八年）	2 册	奎章阁、藏书阁
《纯祖己丑进馔仪轨》	1829 年（纯祖二十九年）	4 册	奎章阁、藏书阁
《进馔仪轨》	1848 年（宪宗十四年）	4 册	奎章阁、藏书阁、日本宫内厅
《进馔仪轨》	1868 年（高宗五年）	3 册	奎章阁
《进爵仪轨》	1873 年（高宗十年）	1 册	奎章阁、藏书阁

仪轨：朝鲜王室记录文化之花

《进馔仪轨》	1877 年（高宗十四年）	4 册	奎章阁、藏书阁、日本宫内厅
《进馔仪轨》	1887 年（高宗二十四年）	4 册	奎章阁、藏书阁、日本宫内厅
《进馔仪轨》	1892 年（高宗二十九年）	4 册	奎章阁、藏书阁、日本宫内厅
《进馔仪轨》	1901 年（光武五年）	4 册	奎章阁、藏书阁、日本宫内厅
《进宴仪轨》	1902 年（光武六年）	4 册	奎章阁、藏书阁、日本宫内厅

· 有关乐器制作的仪轨

《祭器乐器都监仪轨》	1625 年（仁祖三年）	1 册	奎章阁
《乐器造成厅仪轨》	1745 年（英祖二十一年）	1 册	奎章阁
《景慕宫乐器造成厅仪轨》	1777 年（正祖二年）	1 册	奎章阁
《社稷乐器造成厅仪轨》	1804 年（纯祖四年）	1 册	奎章阁

· 有关御真制作的仪轨

《影帧模写都监仪轨》	1688 年（肃宗十四年）	1 册	奎章阁、法国国家图书馆	太祖御真模写
《御容图写都监仪轨》	1713 年（肃宗三十九年）	1 册	奎章阁、法国国家图书馆	肃宗御真图写
《影帧模写都监仪轨》	1735 年（英祖十一年）	1 册	奎章阁、藏书阁、法国国家图书馆	世祖御真模写
《影帧模写都监仪轨》	1748 年（英祖二十四年）	1 册	奎章阁、藏书阁	肃宗御真模写
《影帧模写都监仪轨》	1837 年（宪宗三年）	1 册	奎章阁、法国国家图书馆	太祖御真模写
《御真移模都监仪轨》	1872 年（高宗九年）	1 册	奎章阁、藏书阁	太祖、元宗御真模写
《御真模写都监仪轨》	1900~1901 年（光武四年）	1 册	奎章阁、藏书阁	太祖御真模写
《影帧模写都监仪轨》	1901~1902 年（光武五年）	1 册	奎章阁、法国国家图书馆	太祖等七列祖御真模写
《御真图写都监仪轨》	1902 年（光武六年）	1 册	奎章阁、藏书阁	高宗御真、皇太子睿真模写

附录二 推荐书目

《宫中文化——朝鲜王室的礼仪与生活》

朝鲜时期的宫中文化反映了儒家思想统治下王室艺术文化的精髓，是五百年王朝历史的核心。该书以朝鲜时期宫中文化的主要践行者——国王和王妃为研究对象，以他们的职责、生活起居为主线，形象地描写了宫中各种礼仪及相关制度，并通过照片与图片生动地再现了王室宫阙以及王室的记录文化从产生到消亡的历史过程。（申明镐，Dolbegae 图书出版，2002）

《66 岁的英祖　迎娶 15 岁的新娘》

该书以记录英祖大王（66 岁）与贞纯王后（15 岁）婚礼的《英祖贞纯后嘉礼都监仪轨》为参照，系统地介绍了王室婚姻礼仪的方方面面。通过对婚礼的流程安排、所需物品、司仪等的描写及按照班次图再现的婚礼场景图片等，生动立体地向我们展现了当时的王室嘉礼文化。（申炳周，HyoHyung Publishing，2001）

《朝鲜时期宫中记录画研究》

该书对朝鲜时期优秀画工们绘制的既有丰富情节又有独特形式的宫中行事图进行了综合研究。宫中记录画具有其他记录文化无法比拟的优势，其详尽、多元化的记录对于我们了解朝鲜时期王室的大小事件、宫中生活与风俗提供了很多帮助。（朴廷惠，一志社，2000）

《八日——正祖的华城巡幸》

该书以记录 1795 年正祖陪伴其母惠庆宫洪氏前往华城巡幸的《园幸乙卯整理仪轨》为参照，按照日期的推进对华城巡幸这一历史事件的始末进行了详细的论述。书中的仪轨班次图以彩色图片的形式呈现，为想要了解朝鲜时期国王巡幸、仪轨、班次图等知识的读者提供了非常实用的资料。（韩永愚，HyoHyung Publishing，1998）

《王朝的遗产》

该书整理了与仪轨相关的基本信息，并指出法国政府有义务归还 1866 年丙寅洋扰时期被法国海军掠夺的外奎章阁仪轨。该书分为"寻找王朝遗产的意义""寻找外奎章阁仪轨""奎章阁小史""江华岛外奎章阁遗址纪行"等章节，收录了很多珍贵的照片。（李泰镇，知识产业社，1994）

《朝鲜朝的仪轨》

这是韩国最早记录法国国家图书馆所藏外奎章阁仪轨全貌的书籍。该书将 1866 年丙寅洋扰时期被法国海军掠走的 297 册仪轨类古籍与首尔大学奎章阁、韩国精神文化研究院（现韩国学中央研究院）藏书阁所藏的仪轨一一进行比对，整理其异同点。该书出版后，为仪轨返还而进行的外交交涉正式开始。（朴炳善，韩国精神文化研究院，1985）

附录三　参考资料

◎ **原始史料**

　　以下原始史料目录中的奎章阁所藏仪轨在附录一"朝鲜时期主要仪轨目录"中已进行罗列，此处不再重复。

　　《经国大典》

　　《癸丑日记》

　　《国朝续五礼仪》

　　《国朝五礼仪》

　　《国朝五礼仪序列》

　　《国婚定例》

　　《宫阙志》

　　《大典会通》

　　《大韩礼典》

　　《东国岁时记》

　　《东阙图》

　　《宝印符信总数》

　　《四礼便览》

　　《尚房定例》

　　《承政院日记》

　　《练藜室记述》

　　《礼记》

　　《日省录》

　　《朝鲜王朝实录》

　　《朱子家礼》

　　《增补文献备考》

　　《春官通考》

　　《度支定例》

　　《汉京识略》

　　《恨中录》

◎ **辞典**

　　《古法典用语集》，法制处，1979。

《教学大汉韩辞典》，教学社，1998。

《斗山世界大百科辞典》，斗山东亚，1996。

〔韩〕李勳钟：《民族生活语辞典》，Hangilsa 图书出版，1993。

《历史人物肖像画大辞典》，玄岩社，2003。

《韩国古典用语辞典》，世宗大王纪念事业会，2001。

《韩国民族文化大百科辞典》，韩国精神文化研究院，1991。

〔韩〕李斗熙等编《韩国人名字号辞典》，启明文化社，1988。

《韩国汉字语辞典》，檀国大学校出版部，1996。

◎ 图录

《宫中悬板》，文化财厅，1999。

《奎章阁名品图录》，首尔大学奎章阁，2000。

《从奎章阁资料中看朝鲜时期的教育》，首尔大学奎章阁，1996。

《檀园金弘道诞辰 250 周年纪念特别展》，三星文化财团，1995。

《东阙图》，韩国文化财保护协会，1991。

《首尔 600 年　故宫的匾额》，艺术殿堂，1994。

《成均馆大学校博物馆图录》，成均馆大学博物馆，1998。

《英祖大王的文章与书法》，宫中遗物展示馆，2001。

《我们的土地，我们的真景》，韩国国立春川博物馆，2002。

《韩文的风采与美》，韩国精神文化研究院藏书阁，2004。

《正祖：时代与文化》，首尔大学奎章阁，2000。

《正祖逝世 200 周年追慕展》，韩神大学博物馆，2000。

《正祖时代的名笔》，韩神大学博物馆，2002。

《韩国白瓷名品展》，湖林博物馆，2003。

《朝鲜时期记录画的世界》，高丽大学博物馆，2001。

《朝鲜时期风俗画》，韩国国立中央博物馆，2002。

《朝鲜王室的书籍》，韩国精神文化研究院，2002。

《朝鲜王室御笔》，艺术殿堂、首尔书艺博物馆，2002。

《朝鲜的王》，Hansol 纸艺博物馆，2001。

《韩国服饰 2000 年》，韩国国立民俗博物馆，1995。

《韩国传统绘画》，首尔大学博物馆，1993。

◎ 著作

韩国国立文化财研究所：《国译嘉礼都监仪轨》，1999。

〔韩〕权五昌:《从人物画中看朝鲜时期的传统服饰》,玄岩社,1998。

〔韩〕琴基淑:《朝鲜服饰美术》,悦话堂,1994。

〔韩〕金东旭:《实学精神下建造的韩国新都市 水原华城》,Dolbegae 图书出版,2002。

〔韩〕金文植、〔韩〕申炳周等:《法国国家图书馆所藏外奎章阁仪轨调查研究》,外交通商部,2003。

〔韩〕金文植、金正镐:《朝鲜的王世子教育》,金宁社,2003。

〔韩〕金尚宝:《朝鲜王朝宫中仪轨饮食文化》,修学社,1995。

〔韩〕金永上:《首尔六百年》,大学堂,1996。

〔韩〕金英淑:《朝鲜朝后期宫中服饰》,文化财厅宫中遗物展示馆,2000。

〔韩〕金英淑:《韩国服饰文化辞典》,美术文化,1998。

〔韩〕金用淑:《朝鲜朝宫中风俗研究》,一志社,1987。

〔韩〕金用淑:《〈恨中录〉研究》,韩国研究院,1983。

〔韩〕文永彬:《昌庆宫》,大元社,1991。

〔韩〕朴光用:《英祖和正祖的国家》,Bluehistory 图书出版,1998。

〔韩〕朴炳善:《朝鲜朝的仪轨》,韩国精神文化研究院,1985。

〔韩〕朴小东译《国译英祖贞纯后嘉礼都监仪轨》,民族文化促进会,1997。

〔韩〕朴小东译《国译亲耕亲蚕仪轨》,民族文化促进会,1999。

〔韩〕朴永圭:《朝鲜的王室与外戚》,金宁社,2003。

〔韩〕朴廷惠:《朝鲜时期宫中记录画研究》,一志社,2000。

〔韩〕朴惠仁:《韩国传统婚礼研究》,高丽大学民族文化研究所,1988。

〔韩〕白英子:《朝鲜时期的御驾行列》,放送通信大学出版部,1994。

〔韩〕首尔大学奎章阁《奎章阁所藏仪轨综合目录》,2002。

〔韩〕首尔大学奎章阁《奎章阁所藏仪轨题解集 1.2》,2003~2004。

〔韩〕首尔大学奎章阁《法国国家图书馆所藏仪轨目录》,2003。

〔韩〕成庆麟:《韩国传统舞俑》,一志社,1979。

〔韩〕申明镐:《宫中文化——朝鲜王室的仪礼与生活》,Dolbegae 图书出版,2002。

〔韩〕申明镐:《朝鲜的王》,嘉蓝企划,1998。

〔韩〕申炳周:《66 岁的英祖 迎娶 15 岁的新娘》,HyoHyung Publishing,2001。

〔韩〕申炳周:《一夜读完的朝鲜史》,Random House 图书出版,2003。

〔韩〕申炳周、〔韩〕卢大焕:《古典小说中的历史纪行》,Dolbegae 图书出版,2002。

〔韩〕申荣勳:《我们的文化,邻国的文化》,文化手册,1997。

《阿特拉斯韩国史》编纂委员会：《阿特拉斯韩国史》，四季节出版社，2004。

〔韩〕安吉正：《官衙的故事》，四季节出版社，2000。

〔韩〕吴洙彰：《高宗御真图写都监仪轨题解》，首尔大学奎章阁，1996。

〔韩〕吴柱锡：《檀园金弘道》，悦话堂，1998。

〔韩〕刘奉学：《正祖的理想》，新丘文化社，2001。

〔韩〕刘颂玉：《朝鲜王朝宫中仪轨服饰》，修学社，1991。

〔韩〕李璟子：《韩国服饰史论》，一志社，1983。

〔韩〕李明熙：《宫中遗物》，大元社，1995。

〔韩〕李范稷：《韩国中世礼思想研究》，一潮阁，1991。

〔韩〕李瑞之：《韩国风俗画集》，书文堂，1997。

〔韩〕李善宰：《儒教思想和仪礼服》，亚细亚文化社，1992。

〔韩〕李成茂：《朝鲜王朝史 1.2》，DONGBANG MEDIA，1998。

〔韩〕李成茂：《〈朝鲜王朝实录〉是本什么样的书》，DONGBANG MEDIA，1999。

〔韩〕李成美等：《藏书阁所藏嘉礼都监仪轨》，韩国精神文化研究院，1994。

〔韩〕李成美、〔韩〕刘颂玉、〔韩〕姜信沆：《朝鲜时期御真都监仪轨研究》，韩国精神文化研究院，1997。

〔韩〕李在淑：《朝鲜的宫中仪礼与音乐》，首尔大学出版部，1998。

〔韩〕李种南：《我们应该知道的天然颜料》，玄岩社，2004。

〔韩〕李泰镇：《王朝的遗产》，知识产业社，1994。

〔韩〕李泰浩：《朝鲜后期绘画的写实精神》，学古斋，1996。

〔韩〕李兴九、〔韩〕孙敬顺：《朝鲜宫中舞俑——国译呈才舞图笏记》，悦话堂，2000。

〔韩〕张师勋：《我们的古乐器》，大元社，1990。

〔韩〕张师勋：《韩国传统舞俑研究》，一志社，1977。

〔韩〕郑圣喜：《朝鲜的性风俗》，嘉蓝企划，1998。

〔韩〕郑演植：《从日常生活看朝鲜时期 1.2》，青年社，2001。

〔韩〕郑玉子：《朝鲜后期历史的理解》，一志社，1993。

〔韩〕郑玉子：《朝鲜后期文化运动史》，一潮阁，1988。

〔韩〕赵善美：《韩国肖像画研究》，悦话堂，1983。

〔韩〕赵孝顺：《韩国服饰风俗史研究》，一志社，1988。

〔韩〕池斗焕：《朝鲜前期仪礼研究》，首尔大学出版部，1994。

韩国古文书学会：《朝鲜时期生活史》，历史批评社，1996。

韩国文化财保护财团：《韩国世宗朝宫中朝会、常参的考证》，2003。

韩国文化财保护财团：《朝鲜朝肃宗仁显后嘉礼研究》，2004。

韩国生活史博物馆：《韩国生活史博物馆系列 1-12》，四季节出版社，2004。

韩国精神文化研究院编《宝印所仪轨》，学研文化社，2004。

韩国精神文化研究院：《藏书阁所藏誊录题解》，2002。

韩国精神文化研究院：《藏书阁所藏仪轨题解》，2002。

〔韩〕韩永愚：《重新寻找我们的历史》，经世院，1998。

〔韩〕韩永愚：《明成皇后和大韩帝国》，HyoHyung Publishing，2001。

〔韩〕韩永愚：《八日——正祖的华城巡幸》，HyoHyung Publishing，1998。

〔韩〕韩永愚：《昌德宫和昌庆，宫朝鲜王朝的兴衰——繁荣与衰败》，悦话堂，Hyo-
Hyung Publishing，2003。

〔韩〕洪顺敏：《宫阙的故事》，青年社，1999。

〔韩〕黄慧性：《朝鲜王朝宫中饮食》，宫中饮食研究院，1994。

KBS 历史 special：《历史专题》1-7,2002~2004。

이 책을 만드는 데 도움을 받은 문헌들

◎ 원사료

『경국대전』

『계축일기』

『국조속오례의』

『국조오례의』

『국조오례의서례』

『국혼정례』

『궁궐지』

『대전회통』

『대한예전』

『동국세시기』

『동궐도』

『보인부신총수』

『사례편람』

『상방정례』

『승정원일기』

『연려실기술』

『예기』

『일성록』

『조선왕조실록』

『주자가례』

『증보문헌비고』

『춘관통고』

『탁지정례』

『한경지략』

『한중록』

◎ 사전

『고법전용어집』, 법제처, 1979

『교학대한한사전』, 교학사, 1998

『두산세계대백과사전』, 두산동아, 1996

『민족생활어사전』, 이훈종, 한길사, 1993

『역사인물초상화대사전』, 현암사, 2003

『한국고전용어사전』, 세종대왕기념사업회, 2001

『한국민족문화대백과사전』, 한국정신문화연구원, 1991

『한국인명자호사전』, 이두회 등 편, 계명문화사, 1988

『한국한자어사전』, 단국대학교출판부, 1996

◎ 도록

『궁중현판』, 문화재청, 1999

『규장각 명품도록』, 서울대학교 규장각, 2000

『규장각 자료로 보는 조선시대의 교육』, 서울대학교 규장각, 1996

『단원 김홍도 – 탄신 250 주년 기념 특별전』, 삼성문화재단, 1995

『동궐도』, 한국문화재보호협회, 1991

『서울 600 년 고궁의 현판』, 예술의전당, 1994

『성균관대학교 박물관 도록』, 성균관대학교 박물관, 1998

『영조대왕 글•글씨』, 궁중유물전시관, 2001

『우리땅, 우리의 진경』, 국립춘천박물관, 2002

『우리 한글의 멋과 아름다움』, 한국정신문화연구원 장서각, 2004

『정조, 그 시대와 문화』, 서울대학교 규장각, 2000

『정조대왕 서거 이백주년 추모전』, 한신대학교 박물관, 2000

『정조시대의 명필』, 한신대학교 박물관, 2002

『조선백자명품전』, 호림박물관, 2003

『조선시대 기록화의 세계』, 고려대학교 박물관, 2001

『조선시대 풍속화』, 국립중앙박물관, 2002

『조선 왕실의 책』, 한국정신문화연구원, 2002

『조선왕조어필』, 예술의전당 서울서예박물관, 2002

『조선의 왕』, 한솔종이박물관, 2001

『한국복식이천년』, 극립민속박물관, 1995

『한국전통회화』, 서울대학교 박물관, 1993

◎ 단행본

국립문화재연구소, 『국역가례도감의궤』, 1999

권오창, 『인물화로 보는 조선시대 우리 옷』, 현암사, 1998

금기숙, 『조선복식미술』, 열화당, 1994

김동욱, 『실학 정신으로 세운 조선의 신도시, 수원 화성』, 돌베개, 2002

김문식•신병주 외, 『파리 국립도서관 소장 외규장각 의궤 조사 연구』, 외교통상부, 2003

김문식•김정호, 『조선의 왕세자 교육』, 김영사, 2003

김상보, 『조선왕조 궁중의궤 음식문화』, 수학사, 1995

김영상, 『서울 6 백년』, 대학당, 1996

김영숙, 『조선조 후기 궁중복식』, 문화재청 궁중유물전시관, 2000

김영숙, 『한국복식문화사전』, 미술문화, 1998

김용숙, 『조선조 궁중풍속연구』, 일지사, 1987

김용숙, 『한중록연구』, 한국연구원, 1983

문영빈, 『창경궁』, 대원사, 1991

박광용, 『영조와 정조의 나라』, 푸른역사, 1998

박병선, 『조선조의 의궤』, 한국정신문화연구원, 1985

박소동 역, 『국역 영조정순후가례도감의궤』, 민족문화추진회, 1997

박소동 역, 『국역 친경•친잠의궤』, 민족문화추진회, 1999

박영규, 『조선의 왕실과 외척』, 김영사, 2003

박정혜, 『조선시대 궁중기록화연구』, 일지사, 2000

박혜인, 『한국의 전통혼례연구』, 고려대 민족문화연구소, 1988

백영자, 『조선시대의 어가행렬』, 방송통신대학교출판부, 1994

서울대학교 규장각, 『규장각 소장 의궤 종합목록』, 2002

서울대학교 규장각, 『규장각 소장 의궤 해제집 1•2』, 2003~2004

서울대학교 규장각, 『파리국립도서관 소장 의궤목록』, 2003

성경린, 『한국전통무용』, 일지사, 1979

신명호, 『조선 왕실의 의례와 생활, 궁중 문화』, 돌베개, 2002

신명호, 『조선의 왕』, 가람기획, 1998

신병주, 『66 세의 영조, 15 세 신부를 맞이하다』, 효형출판, 2001

신병주, 『하룻밤에 읽는 조선사』, 랜덤하우스 중앙, 2003

신병주•노대환, 『고저소설 속 역사여행』, 돌베개, 2002

신영훈, 『우리문화 이웃문화』, 문화수첩, 1997

아틀라스한국사 편찬위원회, 『아틀라스 한국사』, 사계절, 2004

안길정, 『관아이야기』, 사계절, 2000

오수창, 『고종어진도감의궤해제』, 서울대규장각, 1996

오주석, 『단원 김홍도』, 열화당, 1998

유봉학, 『정조대왕의 꿈』, 신구문화사, 2001

유송옥, 『조선왕조 궁중의궤복식』, 수학사, 1991

이경자, 『한국복식사론』, 일지사, 1983

이명회, 『궁중유물』, 대원사, 1995

이범직, 『한국중세 예사상 연구』, 일조각, 1991

이서지 , 『한국풍속화집』, 서문당 , 1997

이선재 , 『유교사상과 의례복』, 아세아문화사 , 1992

이성무 , 『조선왕조사 1・2』, 동방미디어 ,1998

이성무 , 『조선왕조실록 어떤 책인가』, 동방미디어 , 1999

이성미 외 , 『장서각소장가례도감의궤』, 한국정신문화연구원 , 1994

이성미 • 유송옥 • 강신항 , 『조선시대어진관계도감의궤연구』, 한국정신문화연구원 , 1997

이재숙 , 『조선의 궁중의례와 음악』, 서울대학교 출판부 , 1998

이종남 , 『우리가 정말 알아야 할 천연염색』, 현암사 , 2004

이태진 , 『왕조의 유산』, 지식산업사 , 1994

이태호 , 『조선후기 회화의 사실정신』, 학고재 , 1996

이홍구 • 손경순 역 , 『조선궁중무용 – 국역 정재무도홀기 (呈才舞图笏记)』, 열화당 , 2000

장사훈 , 『우리 옛 악기』, 대원사 , 1990

장사훈 , 『한국전통무용연구』, 일지사 , 1977

정성희 , 『조선의 성풍속』, 가람기획 , 1998

정연식 , 『일상으로 본 조선시대 이야기 1・2』, 청년사 , 2001

정옥자 , 『조선후기 역사의 이해』, 일지사 , 1993

정옥자 , 『조선후기문화운동사』, 일조각 , 1988

조선미 , 『한국초상화연구』, 열화당 , 1983

조효순 , 『한국복식풍속사연구』, 일지사 , 1988

지두환 , 『조선전기 의례연구』, 서울대출판부 , 1994

한국고문서학회 , 『조선시대 생활사』, 역사비평사 , 1996

한국문화재보호재단 , 『조선 세종조의 궁중조회 , 상참의 고증연구』, 2003

한국문화재보호재단 , 『조선조 숙종인현후 가례의 연구』, 2004

한국생활사박물관 , 『한국생활사박물관 시리즈 1~12』, 사계절 , 2004

한국정신문화연구원 편 , 『보인소의궤』, 학연문화사 , 2004

한국정신문화연구원 , 『장서각소장 등록 해제』, 2002

한국정신문화연구원 , 『장서각소장 의궤 해제』, 2002

한영우 , 『다시 찾는 우리 역사』, 경세원 , 1998

한영우 , 『명성황후와 대한제국』, 효형출판 , 2001

한영우 , 『정조의 화성행차 그 8 일』, 효형출판 , 1998

한영우 , 『창덕궁과 창경궁 – 조선왕조의 흥망 , 그 빛과 그늘의 현장』, 열화당 • 효형출판 , 2003

홍순민 , 『우리 궁궐 이야기』, 청년사 , 1999

황혜성 , 『조선 왕조 궁중음식』, 궁중음식연구원 , 1994

KBS 역사스페셜 , 『역사스페셜』1~7, 2000~2004

附录四　插图目录

◎ 第一编　记录文化之花——仪轨

第一章　朝鲜王朝时期文化记录的传统

《景慕宫仪轨》藏于首尔大学奎章阁

《肃宗讲学厅日记》、《肃宗春坊日记》和《景宗辅养厅日记》藏于首尔大学奎章阁

《英祖贞纯后嘉礼都监仪轨》中的《器皿图》（部分）选自《英祖贞纯后嘉礼都监仪轨》

《纯祖纯元后嘉礼都监仪轨》班次图中国王与王妃的轿辇 选自《纯祖纯元后嘉礼都监仪轨》

《懿仁王后山陵都监仪轨》藏于首尔大学奎章阁

《园幸乙卯整理仪轨》藏于首尔大学奎章阁

《华城城役仪轨》藏于首尔大学奎章阁

第二章　王室的主要礼仪活动与仪轨

世宗王子胎室 © Kim sung-chul

睿宗胎室和胎志石 © Kim sung-chul

文孝世子玉印及其印章面、竹册、竹册内柜 选自《景慕宫仪轨》

《高宗大礼仪轨》藏于首尔大学奎章阁

英祖的金宝 藏于韩国国立故宫博物馆

英祖的金宝和玉册图说 选自《英祖贞纯后嘉礼都监仪轨》

先农坛和先蚕坛遗址 © 首尔市史编纂委员会

《亲蚕仪轨》收录的祭坛和祭器陈设图（祭坛、陈设图、钩、筐、箔、架、蚕板、爵、坫、山罍、龙勺）选自《亲蚕仪轨》

《国朝宝鉴监印厅仪轨》藏于首尔大学奎章阁

《华城行宫全图》选自《华城城役仪轨》

《大射礼仪轨》藏于首尔大学奎章阁

《仁政殿营建都监仪轨》中的仁政殿和辂轳图说 选自《仁政殿营建都监仪轨》

《中和殿营建都监仪轨》中的中和殿和唐家图说 选自《中和殿营建都监仪轨》

《辛丑进宴仪轨》中的《咸宁殿外进宴图》和《咸宁殿内进宴图》选自《辛丑进宴仪轨》

第三章　仪轨的编纂与内容

《英祖贞纯后嘉礼都监仪轨》班次图中的现场责任人 选自《英祖贞纯后嘉礼都监仪轨》

《华城城役仪轨》中记录的匠人名单（部分）选自《华城城役仪轨》

《英祖贞纯后嘉礼都监仪轨》藏于首尔大学奎章阁

《英祖贞纯后嘉礼都监仪轨》的目录 选自《英祖贞纯后嘉礼都监仪轨》

《英祖贞纯后嘉礼都监仪轨》班次图中英祖轿辇的护卫队 选自《英祖贞纯后嘉礼都监仪轨》

《布衣风流图》个人收藏

《华城陵行图》屏风中的《还御行列图》（部分）

《舟桥图》选自《园幸乙卯整理仪轨》

画工绘制的地方地图（《加德镇地图》《海南地图》《天安地图》）藏于首尔大学奎章阁

矿物颜料（石绿、雄黄、朱砂、青金石）；植物颜料（红花、郁金香、丁香、蓝蓼）参考玄岩社《我们应该知道的天然颜料》

第四章　仪轨的保管

从芙蓉亭上看到的昌德宫宙合楼 ⓒ Kim sung-chul

《奎章阁图》藏于韩国国立中央博物馆

《淳妃册封仪轨》、《正祖大王国葬都监仪轨》和《大射礼仪轨》藏于首尔大学奎章阁

江华鼎足山史库 选自《海东地图》中的《江华府地图》

茂朱赤裳山史库 选自《海东地图》中的《茂朱府地图》

江陵五台山史库 选自《海东地图》中的《江陵府地图》

奉化太白山史库 选自《海东地图》中的《奉化县地图》

《五台山史库图》《金刚四君帖》画幅之一，个人收藏

《朝鲜古迹图谱》所载的史库（太白山史库的全景与侧图、五台山史库的全景与侧图）

《江华府宫殿图》中的《外奎章阁图》（部分）

停泊在江华府甲串津的法军舰队

法国海军眼中的江华府全景

奎章阁仪轨保管处的过去和现在

◎ 第二编　仪轨中的王室文化

第一章　朝鲜王室胎盘奉安仪式的记录——胎室仪轨

胎室仪轨 藏于首尔大学奎章阁

白瓷内外壶 藏于湖林博物馆

胎志石 藏于湖林博物馆

标识胎峰的地图 选自《海东地图》中的《星州地图》

正祖的胎室和胎志石 ⓒ Kim sung-chul

《正宗大王胎室石栏干造排仪轨》图说 选自《正宗大王胎室石栏干造排仪轨》

世宗子嗣的胎室 ⓒ Kim sung-chul

西三陵胎室全景 ⓒ Dolbegae 图书出版

正祖宣皇帝胎室石碑 ⓒ Dolbegae 图书出版

第二章　朝鲜王室婚礼仪式的记录——嘉礼都监仪轨

《昭显世子嘉礼都监仪轨》班次图中的《王妃轿辇图》选自《昭显世子嘉礼都监仪轨》

《国婚定例》藏于首尔大学奎章阁

《恨中录》藏于首尔大学奎章阁

高宗与明成皇后的嘉礼再现场景（"三拣择"与"最终拣择"）ⓒ Kim keo-bu

云岘宫全景 ⓒ Kim sung-chul

高宗嘉礼再现场景中的亲迎环节（国王的轿辇、卤博与前部鼓吹）ⓒ Kim keo-bu

《英祖贞纯后嘉礼都监仪轨》班次图中的王妃车驾

班次图中所绘的人物侧面图与背面图 选自《英祖贞纯后嘉礼都监仪轨》

《英祖贞纯后嘉礼都监仪轨》班次图中的器皿图说（部分）

参与礼仪活动的匠人名单 选自《英祖贞纯后嘉礼都监仪轨》

第三章　朝鲜王室国王葬礼的记录——国葬都监仪轨

《明成皇后国葬都监仪轨》藏于首尔大学奎章阁

高宗皇帝的国葬队列

高宗皇帝国葬队列中的纯宗

《帷门图》选自《正祖健陵山陵都监仪轨》

健陵的丁字阁 ⓒ Kim sung-chul

健陵全景 ⓒ Kim sung-chul

《攒宫图》选自《正祖健陵山陵都监仪轨》

《正宗大王健陵山陵都监仪轨》、《神贞王后国葬都监仪轨》和《明成皇后殡殿魂殿都监仪轨》藏于首尔大学奎章阁

《正祖国葬都监仪轨》班次图中的香亭子

《正祖国葬都监仪轨》班次图的开头部分

《正祖国葬都监仪轨》藏于首尔大学奎章阁

班次图中的前部鼓吹与仪仗队列 选自《正祖国葬都监仪轨》

班次图中放置玉印、银印、谥册的轿子与方相氏队列 选自《正祖国葬都监仪轨》

班次图中的竹散马、竹鞍马、肩舆 选自《正祖国葬都监仪轨》

班次图中的香亭子与铭旌 选自《正祖国葬都监仪轨》

班次图中的大舆 选自《正祖国葬都监仪轨》

高宗皇帝国葬队列中的方相氏面具

第四章　《朝鲜王朝实录》编纂及保管的记录——实录厅仪轨

《世宗实录》藏于首尔大学奎章阁

《太祖实录》藏于首尔大学奎章阁

《仁祖戊寅史草》藏于首尔大学奎章阁

《都城图》选自《舆地图》,藏于首尔大学奎章阁

《洗剑亭图》藏于韩国国立中央博物馆

《翰林馆阁会圈》藏于首尔大学奎章阁

《经国大典》中的《春秋馆条例》选自《经国大典》

赵文命画像 ⓒ You nam-hae

《史阁修改时形止案》藏于首尔大学奎章阁

太白山史库室内 选自《朝鲜古迹图谱》

《实录曝晒形止案》藏于首尔大学奎章阁

《宣祖实录》与《宣祖修正实录》藏于首尔大学奎章阁

《景宗实录》与《景宗修正实录》藏于首尔大学奎章阁

第五章　反映王朝统治秩序的祭祀记录——宗庙仪轨、社稷署仪轨

《宗庙全图》选自《宗庙仪轨》

从南门望去的永宁殿 ⓒ Kim sung-chul

宗庙正殿 ⓒ Kim sung-chul

《都城图》中的宗庙与社稷分布 选自《舆地图》

社稷坛全景 ⓒ Kim sung-chul

《社稷署全图》选自《社稷署仪轨》

《宗庙仪轨》藏于首尔大学奎章阁

《社稷署仪轨》藏于首尔大学奎章阁

《社稷署仪轨》中的翟、干、戚 选自《社稷署仪轨》

祭礼时国王与王世子的服饰（国王：圭、冕、衣面、衣背、裳、蔽膝、方心曲领、华带 / 大带、绶、佩、袜、舄；王世子：冕、衣、绶、佩）选自《社稷署仪轨》

宗庙仪礼场景再现 ⓒ Kim sung-chul

宗庙祭乐的演奏 ⓒ Kim sung-chul

第六章　朝鲜王室的用印记录——宝印所仪轨

朝鲜王室的宝印（宣祖金宝、宣祖玉宝、肃宗金宝、肃宗玉宝、英祖玉宝、正祖金宝、正祖玉宝、真宗世子银印）藏于韩国国立故宫博物馆

"孝孙八十三书"银印 藏于韩国国立故宫博物馆

《印信誊录》藏于首尔大学奎章阁

《宝印所仪轨》藏于首尔大学奎章阁

《宝印所仪轨》中记录的宝印制作日程安排

《宝印所仪轨》中收录的各种宝印图说（朝鲜国王之印、大朝鲜国主上之宝、朝鲜王宝、为政以德、昭信之宝、施命之宝、谕书之宝、科举之宝、宣赐之记、武卫所、王世子印）选自《宝印所仪轨》

《周尺图》与《礼器尺图》选自《宝印符信总数》

宝印的各部位名称（把手、带子、铃铛、穗子、底座）

《宝印所仪轨》中收录的筒、盝、护匣（"朝鲜国王之印"的宝筒、"朝鲜国王之印"的宝盝、"大朝鲜国主上之宝"的护匣、"朝鲜王宝"的护匣）选自《宝印所仪轨》

高宗皇帝玉宝的印面

《宝印符信总数》收录的宝印和印面（朝鲜国王之印、大朝鲜国主上之宝、大韩国玺、皇帝之宝、制诰之宝、敕命之宝）选自《宝印符信总数》

第七章　国王和大臣们的射箭竞技——大射礼仪轨

《得中亭御射图》（部分）《华城陵行图》屏风中的一幅，藏于湖岩美术馆

高宗御真 藏于韩国国立故宫博物馆

成均馆大成殿 ⓒ Kim sung-chul

成均馆明伦堂 ⓒ Kim sung-chul

《大射礼仪轨》中的《御射礼图》（部分）

熊侯 选自《大射礼仪轨》中的《御射礼图》

《大射礼仪轨》中的《侍射礼图》

《大射礼仪轨》中的《侍射官赏罚图》

《浚川试射阅武图》藏于首尔大学奎章阁

《西城羽猎图》与《闲亭品菊图》藏于首尔大学博物馆

《迎华驿图》选自《华城城役仪轨》

《迎华亭图》选自《华城城役仪轨》

华城行宫平面图

华城行宫的复原与挖掘现场

复原后的华城行宫全景 ⓒ水原市华城事业所

访花随柳亭上望去的龙渊 ⓒ Dolbegae 图书出版

第十章　记录宫中宴会之华丽风采——宫中宴会仪轨

奉寿堂上的花甲宴 选自《华城陵行图》八幅屏风之一《奉寿堂进馔图》

己丑年进馔图屏中的《明政殿外进馔图》

宫中宴会上使用的器物与服饰 选自《园幸乙卯整理仪轨》

《处容舞》演出现场 ⓒ Park sang-yoon

《园幸乙卯整理仪轨》中收录的《梦金尺》与《处容舞》

《纯祖己丑进馔仪轨》中的《佳人剪牡丹》

《佳人剪牡丹》和《舞鼓》演出现场 ⓒ Park sang-yoon

《纯祖己丑进馔仪轨》藏于首尔大学奎章阁

《外进馔呈才图》收录的舞蹈场面（初舞、牙拍、响钹、舞鼓、广袖舞、尖袖舞）选自《纯祖己丑进馔仪轨》

《内进馔呈才图》收录的舞蹈场面（梦金尺、长生宝宴之舞、献仙桃、响钹、牙拍、抛球乐、寿延长、荷皇恩、舞鼓、莲花舞、剑器舞、船游乐、五羊仙、尖袖舞、春莺啭、宝相舞、佳人剪牡丹、处容舞）选自《纯祖己丑进馔仪轨》

《明政殿进馔图》选自《纯祖己丑进馔仪轨》

装饰宴会桌的樽花与床花

《己巳进表里进馔仪轨》藏于大英图书馆

《翼宗大王入学图》藏于首尔大学奎章阁

己丑年进馔图屏 藏于韩国国立中央博物馆

第十一章　朝鲜王朝乐器制作的记录——乐器造成厅仪轨

编磬 ⓒ韩国国立国乐院

磬的形制 选自《景慕宫仪轨》

特钟 ⓒ韩国国立国乐院

特磬 ⓒ韩国国立国乐院

编钟 ⓒ韩国国立国乐院

钟的形制 选自《景慕宫仪轨》

方响 ⓒ韩国国立国乐院

《皇坛仪》中的大报坛

《东阙图》中的大报坛

《景慕宫乐器造成厅仪轨》藏于首尔大学奎章阁

《宫园仪》中的《景慕宫图说》

《享祀班次图说》选自《景慕宫仪轨》

《景慕宫仪轨》中的乐器图片（编钟、编磬、方响、杖鼓、节鼓、柷、晋鼓、敔、唐琵琶、乡琵琶、玄琴、伽倻琴、牙筝、笙、埙、太平箫、奚琴、觱篥、大笒、唐笛、洞箫、籈、路鼗、大金、拍）

第十二章　朝鲜王朝国王肖像画制作的记录——御真仪轨

安珦肖像 藏于顺兴绍修书院

安岳三号墓主人像

《先贤影帧帖》中许穆与李天辅画像 藏于首尔大学奎章阁

《缙绅画像帖》中的吴载绍画像

图画署规章 选自《大典会通》

太祖御真 藏于全州庆基殿

徐直修画像 藏于韩国国立中央博物馆

英祖大王半身像 藏于韩国国立故宫博物馆

《御容图写都监仪轨》藏于首尔大学奎章阁

《御真图写都监仪轨》藏于首尔大学奎章阁

全州庆基殿 ⓒ Kim sung-chul

水原华宁殿 ⓒ水原市华城事业所

《江华府宫殿图》中的长宁殿

插屏、龙床、龙交椅、五峰屏 选自《御真图写都监仪轨》

载有皇帝御真的轿辇与载有皇太子睿真的轿辇 选自《御真图写都监仪轨》

◎ 第三编　御览用仪轨的辉煌与劫难

第一章　御览用仪轨和分上用仪轨

御览用仪轨与分上用仪轨（《永禧殿营建都监仪轨》与《仁元王后祔庙都监仪轨》）藏于

首尔大学奎章阁

正祖御笔

《芭蕉图》藏于东国大学博物馆

江华岛外奎章阁挖掘与复原现场（遗址构造图、外奎章阁原址图、复原的外奎章阁）ⓒ翰林大学博物馆

第二章　外奎章阁仪轨的归还与实地考察

外奎章阁周边的法国军队

《徽庆园园所都监仪轨》

法国国家图书馆

法国国家图书馆阅览室

本书作者与 Dolbegae 出版社工作人员已竭尽全力寻找并确认书中所有照片的出处与著作权，履行正当程序获得以上资料的使用权。如有遗漏或错误，敬请谅解，将在本书下次印刷时改正。

译后记

仪轨是朝鲜王朝记录文化的精髓，它不仅将礼仪活动进程依时间顺序用文字予以详细记录，而且运用华丽精美的记录画生动地再现了诸多重大的仪式场景。记录画所包含的信息涉及政治、经济、军事、建筑、美术、音乐、服饰、饮食等多个领域，全面真实地反映了朝鲜王朝所奉行的事大国策，儒家政治理念的深刻影响，以及朝鲜王朝时期高度繁荣的文化发展状况。

在韩国，收藏仪轨最多的地方是首尔大学奎章阁，其次是韩国学中央研究院藏书阁。联合国教科文组织于 2007 年 6 月在南非比勒陀利亚举行的第八次世界记忆遗产国际评审委员会上，将"朝鲜王朝仪轨"列入"世界记忆遗产名录"(Memory of the World)。是年，译者正就读于韩国学中央研究院，在该院藏书阁的一次不经意地翻阅中首次接触到仪轨，瞬间被其中惟妙惟肖、栩栩如生的记录画所吸引，随着深入的阅读与了解，更是为其涉及领域之广、记录内容之详所折服，遂萌发了将其推介到中国、为我国的史学家研究中韩关系提供重要的一手资料的念头。

无奈为学业所累、世事所拖，这一念头直到 2015 年才得以付诸行动。2015 年，译者以《仪轨：朝鲜王室记录文化之花》一书申请韩国文学翻译院的出版资助并成功立项，2017 年完成初译，2018 年 9 月完成文字插图校对、审译，2018 年底交付出版社。在各界人士的热心帮助与推动下，经

与韩国 Dolbegae 出版社、韩国文学翻译院反复交涉沟通，该书的中文译稿终于在
2020 年 11 月付梓出版。

此书的顺利出版得到了社会科学文献出版社的大力支持：梁艳玲副社长慧眼识
珠，对此书译介的价值给予了充分肯定；国别区域分社高明秀总编辑近两年来就译
著出版相关事宜，与韩国文学翻译院、韩方出版社进行了拉锯式的磋商，内容之繁
杂，工作量之大，令人咂舌；此书插图较多，部分班次图区分度较低，给插图编辑
带来了很大的难度，郑彦宁编辑为此书的文字校订、插图编排付出了极大的耐心与
努力。诸位高度的敬业精神和务实的工作作风给译者留下了深刻的印象，在此表示
衷心的感谢和崇高的敬意。此外，首尔大学在读博士生于祥萍同学，鲁东大学朝鲜
语专业的孙爱芳、武婧、高畅（排名无先后）等同学都积极参与了译稿的二校工作，
为最终定稿付出了很多辛劳和心血，在此一并感谢。

诚望本书的出版能够助力国内的中韩关系研究事业，在"一带一路"建设的大
背景下，以杯水之力尽寸尺之能，为推动中韩两国文化交流与文明互鉴做出应有的
贡献。

林丽　黄义军
2020 年 10 月 12 日

图书在版编目（CIP）数据

仪轨：朝鲜王室记录文化之花／（韩）金文植，
（韩）申炳周著；林丽，黄义军译. -- 北京：社会科学
文献出版社，2020.12
ISBN 978 - 7 - 5201 - 7638 - 5

Ⅰ.①仪…　Ⅱ.①金…　②申…　③林…　④黄…　Ⅲ.
①礼仪 - 朝鲜 - 古代　Ⅳ.①K893.129

中国版本图书馆 CIP 数据核字（2020）第 232856 号

仪轨：朝鲜王室记录文化之花

著　　者／〔韩〕金文植　〔韩〕申炳周
译　　者／林　丽　黄义军

出 版 人／王利民
责任编辑／高明秀　郑彦宁

出　　版／社会科学文献出版社·国别区域分社（010）59367078
　　　　　地址：北京市北三环中路甲 29 号院华龙大厦　邮编：100029
　　　　　网址：www.ssap.com.cn
发　　行／市场营销中心（010）59367081　59367083
印　　装／三河市东方印刷有限公司

规　　格／开　本：787mm × 1092mm　1/16
　　　　　印　张：19.25　字　数：230 千字
版　　次／2020 年 12 月第 1 版　2020 年 12 月第 1 次印刷
书　　号／ISBN 978 - 7 - 5201 - 7638 - 5
著作权合同
登 记 号／图字 01 - 2019 - 3612 号
定　　价／148.00 元